Los mil mejores chistes que conozco (y cien más)

Tomo 1

Los mil mejores chistes que conozco (y cien más)

Tomo I

Armando Fuentes Aguirre
Catón

Diseño de portada: Lizbeth Batta Fernández
Ilustración de portada: Paco Calderón

© 2011, Armando Fuentes Aguirre

Derechos reservados

© 2011, Editorial Planeta Mexicana, S.A. de C.V.
Bajo el sello editorial DIANA M.R
Avenida Presidente Masarik núm. 111, 2o. piso
Colonia Chapultepec Morales
C.P. 11570 México, D.F.
www.editorialplaneta.com.mx

Primera edición: junio de 2011
Primera reimpresión: agosto de 2011
ISBN: 978-607-07-0748-3

Impreso en los talleres de Litográfica Cozuga, S.A. de C.V.
Av. Tlatilco núm. 78, colonia Tlatilco, México, D.F.
Impreso y hecho en México – *Printed and made in Mexico*

A mis hijos: Armando, Luz María,
Alejandro y Javier,
sonrisas de Dios en mi vida.

A mis cuatro lectores, especialmente a ti.

Prólogo

La gracia, esa hermosa gracia

LA RISA ES don divino que nos hace humanos. Entre todas las criaturas del mundo la única que sabe reír es el hombre.

Se cuenta que fray Julián Garcés, primer obispo de Tlaxcala, envió una larga carta a Paulo Tercero, papa, en la cual hacía la defensa de los indios mexicanos, y pedía al pontífice que declarara que tenían alma. Paulo escuchó con paciencia la lectura de los largos alegatos en latín escritos por fray Julián. De pronto interrumpió al enviado y le hizo una pregunta:

—Dime, ¿los indios ríen?

—Sí, su santidad.

—Entonces tienen alma.

Casi todos sabemos reír, y somos dueños de esa flor de inteligencia que consiste en saber reír de nosotros mismos. Conocemos el arte de poner el bálsamo del buen humor aun sobre las mayores calamidades, sea un terremoto o un mal gobernante. Y es que la risa es un bien que nos protege de todo mal. Es fuente de salud para el cuerpo, y también para el espíritu. San Francisco de Sales postuló: "Un santo triste es un triste santo".

Los cuentos para reír poseen linaje venerable. Dos milenios y medio de edad tienen algunos que nos llegaron de la Grecia antigua. Uno narra la historia de la comadrona que entró en la habitación donde una parturienta estaba a punto de dar a luz. Se sorprendió al verla tendida en el suelo, retorciéndose allí y gimiendo por los dolores del alumbramiento. Le preguntó, asombrada:

—¿Por qué no subes a la cama?

—¡Ah no! —protestó con vehemencia la mujer—. ¡Tú quieres que yo regrese al lugar donde todos mis males empezaron!

Otro cuento de venerable antigüedad habla de un hombre casado con una mujer más vieja que él, y que tenía una amante bastante más joven que él. Era de cabello entrecano el individuo. Su esposa le arrancaba los cabellos negros para hacerlo ver mayor. La amiga le arrancaba las canas para que no se viera tan viejo. Y concluye la historieta: "Entre las dos lo dejaron pelón".

En el libro que tienes en tus manos he puesto chistes de todos colores; la mayoría de ellos, tirando al rojo o púrpura. Muchos, a más de hacer reír, enseñan algo y son liberadores, pues no hay nada como el humor para salvarnos de la insana tentación de tomarnos demasiado en serio, y de esas grandes necedades que son la vanidad, la pedantería y la solemnidad. Una buena cantidad de ellos tiene que ver con el sexo, parte de nuestra vida sobre la cual se han puesto tantas telarañas, que hacer humor sobre las cosas de la sexualidad es también sano ejercicio.

Esta variada colección de cuentos la he dedicado a mis hijos y a ti, que eres uno de mis cuatro lectores. Al leerme me impartes el santo sacramento de la bondad humana; por ti soy lo que soy, un escritor que aspira a poner amor y humor en la vida de su prójimo.

Tomás Moro, hombre de pensamiento lúcido, es autor de una oración traviesa que bien puede servir de ultílogo a este prólogo:

"Señor, dame una buena digestión, y dame también algo para digerir. Dame la salud del cuerpo y el buen humor que se necesita para conservarla. Pon en mí un alma que no se queje de continuo, y que no sepa lo que es el aburrimiento. Haz que no me irrite —y que no irrite a mi prójimo— con esa criatura tan molesta que es el 'yo'. Concédeme el sentido del ridículo, y haz que sepa disfrutar un buen chiste. Si todo eso me das, habrá alegría en mi vida, y podré compartir esa alegría con mi hermano. Amén".

Que disfrutes este libro, querido lector, amadísima lectora y que lo lleves de viva voz a los demás.

Armando Fuentes Aguirre, Catón
Saltillo, Coahuila
Primavera de 2011

Primera parte

A-M

Adivinos

LA ADIVINA OBSERVA con atención profunda su bola de cristal y luego dice a la joven mujer que había ido a consultarla: "Te casarás con un hombre guapo, rico e inteligente". "¿Ah sí? —pregunta con voz hosca la muchacha—. ¿Y qué haré con el hombre feo, pobretón e indejo con el que estoy casada?"

LAS DOS PAREJAS de casados, que eran compadres, fueron a una feria y por curiosidad entraron en la carpa donde una gitana adivinaba la suerte en la bola de cristal. Después de consultar la esfera les dice la mujer: "Una de ustedes, señoras, se va a sacar la lotería". "¿Cuál de las dos?" —preguntan ansiosamente ellas—. "No veo muy claro cuál —responde la adivinadora—. La afortunada tiene un lunar en una pompis". "¡Ah! —exclama uno de los esposos—. ¡Felicidades, comadrita!"

LA CARTOMANCIANA LE dice a la chica que la consultaba: "Muy pronto llegará a tu vida un hombre". "Ya llegó" —le indica la muchacha—. "El que yo digo es otro —precisa la adivinadora—. Te lo entregarán en la maternidad aproximadamente dentro de 8 meses".

UNA EXPERTA EN astrología le pregunta a Rosibel: "¿Bajo qué signo hiciste el amor por primera vez?" Responde ella: "Bajo uno que decía: no pise el césped'".

Amigas

SE HALLARON DOS amigas que tenían algún tiempo de no verse. Una iba en coche del año, vestía ropa de lujo y se cubría con rutilantes joyas. "Se ve que te va bien —le dice la otra con un dejo de envidia en sus palabras—. ¿De dónde provienen tus entradas?" "De ahí mismo" —replica con laconismo la otra.

NALGARINA GRANDCHICHIER, *VEDETTE* de moda, usaba únicamente ligas negras. Le preguntó una amiga: "¿Por qué traes siempre ligas negras?" Respondió Nalgarina, evocadora: "En memoria de todos los que han pasado al más allá".

NALGARINA GRANDCHICHIER, *VEDETTE* de moda, le contó a su amiga Pomponona, también danzarina y cantatriz: "Mi novio es como el café: fuerte, y me mantiene despierta toda la noche". "Pues el mío —declara Pomponona—, es como el chocolate: caliente, y se me va directo a las caderas".

BUSTOLIA GRANDERRIÈRE, *VEDETTE* de moda, estrenaba vestido. Le dice una amiga: "¡Qué precioso vestido! ¡Me imagino lo que dicen los hombres cuando te lo pones!" Responde Bustolia: "Eso es nada comparado con lo que dicen cuando me lo quito".

NALGARINA GRANDCHICHIER, *VEDETTE* de moda, le dice a una amiga: "El señor con el que salgo, y que paga mis cuentas, ya va a legalizar nuestra relación". "¿Se va a casar contigo?" —pregunta con asombro la amiga. "No —aclara Nalgarina—. Me va a poner como gasto deducible en su declaración anual de impuestos".

LE CUENTA UNA señora a otra: "Por las noches mi marido me recuerda a Clark Gable". "¿Por lo ardiente?" —pregunta la amiga—. "No, —responde la señora—. Por lo muerto".

DOÑA IGNARIA, NUEVA rica, no entendía mucho de arte. Conversaba con su flamante amiga, la señora Highrump, y ésta le dice: "Ahora me dedico a la pintura. En estos días pinto una naturaleza muerta". Arriesga con cautela doña Ignaria: "¿Un retrato de tu esposo?"

UNA JOVEN SEÑORA se jactaba de su buena figura. "Ahora peso menos que el día que me casé". "Bueno —aclara una de sus amigas—. Es que ahora no estás embarazada".

UNA SEÑORA LES contó a sus amigas: "Me sucedió algo muy raro con mi esposo. Jamás se acuerda de las fechas importantes, así que ayer, cuando estábamos desayunando, le pregunté: ¿Ya sabes qué día es hoy?" "Naturalmente que lo sé" —me contestó—. Y se fue a jugar al golf con sus amigos. A media mañana me mandó un ramo de flores. Cuando llegó a la casa me obsequió un collar precioso. En la noche me llevó a cenar y a bailar". Le preguntó una amiga a la señora: "¿Y qué celebraban ese día?" "Nada —contestó ella—. Pero es el mejor Día del Trabajo que he pasado en mi vida".

"A MI MARIDO le gusta hacer el sexo como los perritos". Así les dijo una señora a sus amigas. Comentó una, con pícara sonrisa: "¡Míralo! ¡Qué travieso!" "No —aclara la señora—. Le gusta hacerlo como los perritos porque cuando le pido sexo se tira panza arriba y hace el muertito".

VARIAS AMIGAS QUE tenían algún tiempo de no verse acordaron juntarse para merendar. Ya reunidas, cada una iba diciendo cómo le había ido. "A mí bastante bien —dice una—. Me casé, tengo dos hijos, y aunque nunca estamos sobrados de dinero mi marido y yo somos muy felices". Dice otra: "A mí tampoco me ha ido tan mal. Puse un negocito, y por más que siempre ando con apuros económicos creo que saldré adelante". "Entonces —dice orgullosa la tercera—, a mí me ha ido mucho mejor que a ustedes. No me he casado ni he puesto ningún negocio, pero tengo mi buena chequera. Que quiero un vestido, uso mi chequera. Que quiero un collar, uso mi chequera. Que se me antoja un perfume, uso mi chequera". En eso hace un movimiento brusco y la ceniza de su cigarrillo le cae en las piernas. "Cuidado —le dice una de las amigas—. No se te vaya a chamuscar la chequera".

UNA AMIGA LE pregunta a Bustilina Grandnalguier: "Perdona la indiscreción: ¿tú de que vives?" "De mis acciones" —responde ella—. "¿De veras? —se admira la amiga—. Me gustaría que me hablaras de eso. Te invito a cenar esta noche". "No puedo —se disculpa Bustilina—. Precisamente hoy en la noche tengo acción".

DOS AMIGAS HABLABAN de sus cosas íntimas. "Yo ya no estoy tomando la píldora —revela una—. Les tengo miedo a los efectos colaterales". "Yo todavía la estoy tomando —dice la otra—. Les tengo más miedo a los efectos frontales".

DOS AMIGAS IBAN a hacer un viaje ecológico por el Amazonas. "Debemos fortalecer nuestro cuerpo —dice una—. Las enfermedades tropicales entran por la parte más débil". "Caramba —se preocupa la otra—. Tendré que llevar calzón blindado".

PIRULINA DIO A luz una hermosa bebita. Le recuerdan sus amigas: "Nos dijiste que estabas esperando un varón". "Y lo sigo esperando —contesta malhumorada Pirulina—. Es el papá de la criatura".

DOÑA CLORILIA, MUJER de pueblo, viajó a la gran ciudad. A su regreso ofreció una merienda a sus amigas, y les contó lo que había visto en la metrópoli. "No me lo van a creer —empezó bajando la voz—, pero ahí hay hombres que besan en la boca a otros hombres. Les dicen 'gays'". "¡Qué barbaridad! —se asombraron las amigas—. "También —prosiguió doña Clorilia—, hay mujeres que besan en la boca a otras mujeres. Les dicen 'lesbianas'". "¡*Haiga* cosas!" —exclamaron, pasmadas, las señoras—. "Y eso no es todo —añadió la viajera—. Además hay hombres que besan a las mujeres allá donde les platiqué". "¡Cielos! —profirieron, atónitas, las otras—. Y a esos, ¿cómo les dicen?" Bueno —replica doña Clorilia—. Cuando recuperé el aliento yo le dije: ¡Papacito!"

SUSIFLOR BUSCÓ A su mejor amiga, Rosibel, y le pidió un consejo. "En mi caminata matutina por el parque —le contó— conocí a un hombre maduro que me dijo de buenas a primeras que admiraba mucho mi *derrière*, tafanario o traspuntín, y que le gustaría mucho, cualquiera de estas noches, aprovechando la cómplice penumbra del jardín, que me agachara yo hasta el suelo, postura que el aprovecharía para hacerme una serie de tocamientos que le permitieran disfrutar la redondez, morbidez y turgencia de mi doble hemisferio posterior. Añadió que a fin de hacer que me coloque yo en esa posición pondrá 500 pesos en el suelo, y al agacharme yo a recogerlos él cumplirá su deseo a voluntad. Te confieso que tengo necesidad de aquel dinero. ¿Crees que debo aceptar su ofrecimiento". "Acéptalo —contestó Rosibel sin vacilar—. Él es un hombre entrado en años ya, según me dices; seguramente será también lento de movimientos. Tú, en cambio, eres ágil y rápida. Cuando él ponga los 500 pesos en el suelo agarra el billete y échate a correr. El ruin sujeto ni siquiera tendrá ocasión de poner la mano en tu trasero, no ya de toquetearlo como quiere, ni menos aún de sobarlo lascivamente, con lujuria deletérea e insana turpitud". No entendió Susiflor la mayor parte de la perorata de su amiga, pero sí alcanzó a entender que le recomendaba aceptar la propuesta del señor. Días después las dos amigas se encontraron, y Rosibel le preguntó con ansiedad a Susiflor. "¿Qué sucedió aquella noche? ¿Te hiciste de los 500 pesos?" "Sí" —respondió con extraño laconismo Susiflor—. "¡Magnífico! —se alegra Rosibel—. Y de seguro el idiota se quedó con un palmo de narices. Agarraste el billete que había puesto en el suelo, echaste a correr y él ni siquiera tuvo tiempo de tocarte el nalgatorio". "La cosa no fue así —replica muy mohína Susiflor—. El tal por cual puso los 500 pesos en monedas de 10".

"QUÉ POCO SABE uno de la vida —dice la muchacha a su amiga—. Ahora que me voy a casar tuve una plática íntima con mi mamá, y ella me dijo todo lo que hacen los pajaritos y las abejitas". "¿Ah, sí? —dice la amiga—. ¿Y qué hacen?" "Exactamente lo mismo que mi novio y yo hemos estado haciendo desde hace un año".

LA MUCHACHA AQUELLA de pronto comienza a comprar muchas cosas: un abrigo de *mink*, un collar de perlas, coche nuevo, ropa de todas clases. "Es que tengo un negocio —explicaba a sus amigas— y me está yendo muy bien". Las amigas no decían nada, pero un día la muchacha estrena un elegantísimo pantalón. "¿Qué les parece?" —pregunta a sus amigas—. "Me parece que te queda muy apretado —responde una—. Especialmente por el lado del negocio".

EN LA PLAYA una muchacha iba completamente en *pelletier*, y su amiga caminaba sin nada más que un trocito de tela en la parte que más debía cubrir. Un policía las llevó ante el juez y éste les impuso sendas multas: a la que iba sin nada encima le cobró 500 pesos; a la del trocito de tela, 1000. "¡Oiga usted! —reclama ésta—, ¿por qué a mi amiga, que iba completamente en *pelletier*, le cobra 500 pesos, y a mí, que por lo menos me tapé algo, me cobra el doble?" Responde Su Señoría: "Aquella es la multa que se aplica por faltas a la moral; la suya es la que se impone por ocultar artículos de primera necesidad".

SE IBA A casar Goretina, que no sabía nada de la vida. Inquieta por lo que iba a suceder la noche de bodas le preguntó a una amiga cómo era aquello. "Es como la crisis —le dice la muchacha—. Al principio te duele, pero luego te vas acostumbrando".

LES CUENTA UNA señora a sus amigas en el club: "Mi marido tenía problemas para conciliar el sueño, pero tomé un curso de hipnotismo y he podido ayudarlo. Simplemente me dirijo a cada una de las partes de su cuerpo y les voy diciendo: "Cabeza y cuello: duérmanse... Tórax: duérmete... Brazos: duérmanse... Cintura: duérmete... Muslos: duérmanse..." "Te saltaste" —le dice con pícara sonrisa una de las amigas—. "No —explica la señora—. Eso ya está dormido desde hace mucho tiempo".

EN CHIAPAS HAY un bello lugar llamado El Sumidero. Es espléndida la visión del río que pasa entre dos altísimas murallas pétreas. Una recién casada les contó a sus amigas que su marido, chiapaneco él, la había llevado de luna de miel a Chiapas. Le pregunta una de ellas: "Y dinos, ¿qué tal El Sumidero?" Bajando la voz contesta la muchacha: "De eso luego les platico".

Decía una madura señorita soltera a su amiga: "Tengo tan mala suerte con los hombres que si en el mundo quedáramos nada más un hombre y dos mujeres, y nos repartiéramos al hombre entre las dos, a mí me tocaría la mitad de arriba".

Una curvilínea muchacha iba por la calle luciendo una falda ajustadísima, una blusa más que descotada, unas medias de malla y una bolsa de lentejuelas. Lo más sorprendente de todo es que la chica iba en patines. Una amiga la encuentra y al verla en tales trazas le pregunta con asombro: "¿Qué es esto, Friné? ¿Por qué andas así?" "Es que ahora estoy en el mercado sobre ruedas" —responde la muchacha muy alegre—.

Le platica una muchacha a su amiga: "Mi novio es muy tierno. Dice que aspira a poner alguna vez su mano en mi cintura". "El mío no aspira tan alto" —comenta la otra—.

La muchacha dice a sus amigas: "Corté las relaciones con Fildardo mi novio". "¿Por qué?" —le preguntan—. "Le gustaban mucho las copas" —explica ella—. "¿Era muy borracho?" —quieren saber las amigas—. "No, —explica ella—. Las copas de mi bra".

Una muchacha va con su amiga y le reclama furiosa e indignada: "¡A ver si ya le vas parando! Me enteré de que andas por ahí diciendo cosas acerca de mi vida privada, de mi conducta sexual". "Oye —protesta la amiga—, yo de ti lo único que he dicho es que eres una muchacha virtuosa, honesta y recatada, que tus costumbres son intachables y que estoy absolutamente segura de que a ningún hombre has entregado tu virtud". "¿Lo ves? —exclama la otra indignándose todavía más—. Es cierto lo que me habían dicho. ¡Por tu culpa ningún hombre me invita a salir con él!"

LAS DOS GUAPAS chicas platicaban acerca de sus vacaciones. Una iría a la playa; la otra a esquiar. "A mí me gusta más Cancún que Aspen" —dice la primera. "¿Por qué?" —pregunta la amiga—. Explica aquella: "Porque en Aspen casi siempre estás bajo cero, y en cambio en Cancún siempre acabas bajo uno".

UNA SEÑORA LE pregunta a su amiga, que era nueva rica: "Oye, ¿es cierto que tu marido tiene un Picasso precioso?" "¡Anda! —exclama la otra desdeñosamente—. ¡Eso cuando era joven! ¡Ahora ya ni a piquillo llega!"

LE DICE UNA chica a otra: "¿Te enteraste? Susiflor se casó con un señor de edad madura, y tiene seis meses esperando". "¿Cómo?" —se asombra la otra—. "Sí —confirma la primera—. Esperando que le haga el amor".

EN LA CASA de mala nota una de las muchachas le aconseja a otra: "Por ningún motivo vayas al cuarto con aquel tipo que acaba de llegar. Se llama Sadelio, y pide cosas muy feas". "¿Como qué?" —pregunta la otra—. Responde la primera: "Como, por ejemplo, que le fíen".

SE ENCONTRARON DOS amigas. Una iba toda de negro hasta los pies vestida. Le dice la otra: "Te veo muy flaca". Responde la del luctuoso atuendo: "Es que el negro me adelgaza mucho". Sugiere la amiga: "Pues cámbialo por un hombre blanco; ese negro te va a matar".

DOÑA FRIGIDIA LES dice muy orgullosa a sus amigas: "Frustracio, mi marido, sabe que el sexo me interesa poco. Por eso me ofreció darme 500 pesos cada vez que haga el amor con él". "¡Fantástico!" —se admiran las amigas—. "Sí —responde doña Frigidia—. Ya le he ahorrado cientos de miles de pesos".

LADY HIGHASS RECIBIÓ a sus amigas en su casa de Gookshire. Antes de servir el té quiso mostrar ante ellas sus habilidades de pianista, y en su Steinway de media cola —milady era de cola entera— empezó a tocar una polonesa. De pronto sonó el timbre de la puerta. La abrió Jitter, el viejo mayordomo de la casa. Quien llamaba era un *bobby*. (Ese nombre reciben los policías londinenses en memoria de sir Robert Peel, secretario del Interior en Inglaterra cuando se creó en 1828 la Policía Metropolitana. *N. del A.*) Le dice el *bobby* a Jitter: "Vengo a investigar un crimen". "¿Un crimen?" —repitió el mayordomo con interés, pues era lector devoto de Agatha Christie, y a lo mejor él era el asesino—. "Sí —confirma el agente—. Oí decir a los vecinos que alguien está asesinando aquí a un tal Chopin".

EN LA MERIENDA las señoras hablaban de las infidelidades de sus respectivos cónyuges. Una contó que cierto día sorprendió a su marido en trance de carnalidad con la joven criadita de la casa. "¡Te me largas de inmediato!" —gritó la señora hecha una furia—. La criadita, atribulada y compungida, se iba a retirar. "A ti no te estoy hablando" —la detiene la señora—. (Estimaba en más los servicios de la eficiente fámula que la presencia de su coscolino esposo). Otra recordó la Oración de la mujer casada: "Señor: que mi marido no me engañe. Si me engaña, que yo no me entere. Y si me entero, que me valga madre". Una tercera declaró: "Pues a mí jamás me ha engañado mi marido". Pregunta una de las presentes con escepticismo: "¿Es cierto eso?" "Absolutamente cierto —confirma la señora—. Siempre lo he pescado en sus movidas". ("Movida" es en México la relación sexual ilícita, y la persona con quien esa relación se tiene. Un ejemplo. Murió el compadre, y la comadre fue a darle el pésame a la esposa del finado. Le dice con dramático acento terebrante: "¡Comadre, vengo conmovida!" "Dígale que la espere ahí afuerita" —se sobresalta la acongojada viuda. *N. del A.*)

LE CUENTA UNA muchacha a otra: "Afrodisio me invitó a cenar en su departamento. Me dijo que habría patitas y mole. Y en efecto: me abrió las patitas y ¡mole!"

.·.

Amigos

DOS TIPOS COINCIDEN en el pipisrúm del bar. "Perdone, amigo —le dice uno al otro—. Jamás había visto una como la que tiene usted". "¿Cómo?" —se extraña el otro—. Dice el primero: "Así, retorcida; en forma de espiral". El otro se preocupa: "Yo pensé que era normal hasta que vi la suya. Pero, ¿qué está haciendo?" "Sacudiéndola un poco —dice el primero—, para quitarle las gotitas excedentes". "¡Carajo! —exclama el otro, consternado—. ¡Yo siempre la he exprimido con las dos manos!"

AFRODISIO PITORREAL, HOMBRE dado a lubricidades y fornicación, le dice a un amigo: "Me siento fatigado. Será que hago el amor todos los días, y en ocasiones dos veces al día". Le aconseja el amigo: "Debes dejar el sexo por un tiempo". "¡Imposible! —exclama Pitorreal—. No puedo renunciar al sexo así, tan de repente". Le recomienda el otro: "Entonces cásate. Así lo irás dejando poco a poco".

LIBIDIANO, GALÁN CONCUPISCENTE, narraba su experiencia de la noche anterior: "Estuve entre dos chicas" —relataba—. "¡Qué suerte tienes!" —exclamó con admiración uno de sus amigos—. "Ni tanta —replica Libidiano—. Estuve entre dos chicas porque la muchacha con la que salí tiene muy poco busto".

DOS AMIGOS ESTÁN platicando en un café, y en una mesa vecina se sienta una guapísima muchacha. "Mira nomás qué preciosidad —dice uno—. Voy a ver si puedo entablar plática con ella". Se levanta, se dirige a la mesa de la muchacha y al poco regresa con aire al mismo tiempo confuso y contristado. "¿No pudiste platicar con ella?" —pregunta el otro—. "No —replica—. Pero ya tengo su número". "¿Ah sí? —se interesa el amigo—. ¿Cuál es?" "Cinco mil pesos" —responde mohíno el otro—.

TRES AMIGOS CAMBIABAN impresiones sobre sus preferencias en cuestión de ropa íntima de mujer. Dice el primero: "A mí me gusta que la usen incitante y sugestiva". Opina el segundo: "Yo más bien la prefiero sencilla y discreta". Manifiesta el tercero: "En cuestión de prendas íntimas femeninas yo aplico el mismo criterio que en las telenovelas: me gusta que tengan un gran contenido humano".

AQUEL SUJETO YACÍA en una cama de hospital. Vendado de los pies a la cabeza parecía la momia de Ramsés II. Un amigo lo visita y le pregunta: "Supe que te golpearon. ¿Por qué?" "Por mis creencias" —responde el infeliz—. "¿Por tus creencias?" —se sorprende el otro—. "Sí —explica el lacerado—. Creí que el marido no iba a regresar".

EL VAQUERO ESTABA perfectamente borracho en la cantina, de modo que sus amigos decidieron jugarle una pesada broma. Le quitaron la silla a su caballo y se la volvieron a poner, pero al revés, con la cabeza de la silla hacia la cola del caballo. Al día siguiente, ya en su casa, la señora del vaquero le dice: "Levántate, es hora de que te vayas". "No tengo en qué irme —responde el vaquero tristemente—. Anoche le cortaron la cabeza a mi caballo, y para poder llegar tuve que venir todo el tiempo tapándole la tráquea con los dedos".

UN FLEMÁTICO LORD inglés fue al hipódromo y apostó una enorme cantidad de dinero a un pura sangre. Salieron los caballos y el del inglés tomó la punta. Todos alrededor del lord gritaban entusiasmados; él, imperturbable, se limitaba a seguir el curso de la competencia con las manos en los bolsillos. Otro caballo alargó el tranco y alcanzó al puntero. La gente se desgañitaba animando al caballo del inglés. Éste seguía impasible, como si no hubiera apostado toda su fortuna en aquel lance. El público saltaba sobre sus asientos; sólo el lord, las manos en los bolsillos, se mantenía impertérrito. Nariz con nariz entraron los dos caballos en la recta final. El hipódromo se venía abajo. El lord, como si nada. Termina la carrera y gana el caballo del inglés en un final de fotografía. Todos celebran la victoria; el lord, indiferente, ni siquiera sonreía. "¡Caray, milord! —le dice uno—. ¿Cómo puede tener usted tal calma? ¡Permítame estrechar su mano!" El inglés saca la mano del bolsillo. El bolsillo estaba roto y el lord traía en la mano dos esferitas que en la tremenda tensión se había arrancado.

UN ESTUDIANTE DE matemáticas se preocupaba. "Nunca puedo recordar el nombre del coseno" —se queja con un condiscípulo—. "Haz lo que yo —le recomienda éste—. Pienso en un seno femenino, y así no se me olvida la palabreja". Llega el día del examen: "A ver, joven —pregunta el profesor—. ¿Qué nombre recibe el seno del complemento de un ángulo o arco?" "¡Cochiche!" —responde el muchacho triunfalmente—.

HACÍA MUCHO TIEMPO que aquellos dos amigos no se veían, y se toparon en la calle. A fin de celebrar el grato encuentro fueron a tomar una copa. Después de perseverantes y muy efectivas libaciones acordaron reunirse en el mismo bar exactamente un año después, en la misma fecha. Se llegó el día. Uno de los amigos llega al bar y encuentra a su compañero ya en la mesa. "¿A qué horas llegaste?" —le pregunta—. "No me he ido" —dice el otro—.

UN MUCHACHO HABLABA de cierta chica que le presentaron. Según él la muchacha tenía el busto más opíparo de la ciudad. "¿De veras tiene el busto muy grande?" —quiere saber uno——. "¿Que si lo tiene grande? —repite el muchacho—. Mira, para tocar el timbre tiene que ponerse de espaldas a la puerta".

YA IBA A salir el autobús. Desde su asiento uno de los pasajeros se despedía de su amigo, que fue a dejarlo a la estación. Tratando de hacerse oír a través de la cerrada ventanilla le grita: "¡Gracias por haberme recibido en tu casa, Leovigildo!" El otro alza la mano para significar que oyó. "¡Gracias por la comida y por las copas!" Nuevo ademán de aceptación del otro. "¡Y gracias por tu mujer! —grita el sujeto—. ¡Disfruté mucho haciendo el amor con ella!" El otro vuelve a asentir en señal de que escuchó. Arranca el autobús, y un señor que iba al lado del sujeto le dice: "Perdóneme, estoy muy sorprendido. ¿Hizo usted el amor con la esposa de su amigo, y todavía le dice que disfrutó mucho con eso?" Contesta el individuo: "En verdad no disfruté nada. Ella es pésima en la cama. Pero Leovigildo es un buen amigo y no quise avergonzarlo delante de toda la gente".

UN TIPO TRAÍA una cara de sufrimiento indescriptible. Lo encuentra un amigo y le pregunta: "¿Qué te sucedió? Tienes muy mal aspecto". Contesta el tipo: "Es que me comí unos huevos rancheros y siento como si me hubieran dado una patada en el hígado". "¡Caramba! —exclama el otro—. ¡Qué bueno que no comiste hígado!"

DOS AMIGOS VISITARON Washington, la capital de Estados Unidos, y fueron a ver el obelisco. Le dice el uno al otro, jactancioso: "De ese tamaño es lo que tengo en la entrepierna". El amigo, al oír esa declaración, se puso a medir pasos en torno del ingente monumento. "¿Qué haces?" —le preguntó, extrañado, el primero—."Estoy calculando el tamaño de lo que debe tener tu señora", —responde el otro.

DOS SUJETOS VEÍAN en la playa el desfile de las bronceadas chicas cubiertas sólo por sus brevísimos bikinis. Uno de los sujetos le comenta al otro: "Son como el pavo de la Navidad. La parte blanca es la mejor".

DIMAS Y JACTANCIO, dos amigos bastante presumidos, hacían gala de sus habilidades amatorias. "Mi mujer y yo somos muy buenos para hacer el amor —dice el tal Dimas—. En la cabecera de la cama tenemos una imagen de san Dimas, mi santo patrono, el buen ladrón crucificado. Cada vez que acabamos de hacer el amor san Dimas se desclava y nos aplaude". "Eso no es nada —replica Jactancio—, mi señora y yo tenemos en la cabecera de la cama un cuadro de la Última Cena, y cada vez que acabamos nos hacen la ola".

EL TONTO GALANCETE logró por fin que la linda chica aceptara una invitación para ir a cenar con él. Se proveyó de unas pastillas que, le habían dicho sus amigos, excitaban el deseo sexual, y cuando la chica se levantó de la mesa para ir al pipisrúm le echó la mitad del frasco en el café. Luego, a fin de asegurar los resultados, puso la otra mitad en su propia taza. Regresó la muchacha, y ambos bebieron sus respectivos cafés. De pronto la chica salta como impulsada por un resorte, y abriendo los brazos grita presa de excitación: "¡Quiero un hombre!" Brinca el tipo y grita igualmente excitado: "¡Yo también!"

UN TIPO LE comentó a su amigo: "Mi esposa contrajo un raro virus que provoca tartamudez. Lo que me preocupa es que ese virus se transmite por la vía sexual, y me pregunto dónde lo contraería". Responde el amigo: "¿Co-co-cómo di-di-dices?"

CAPRONIO LE DIJO a un amigo: "¿Recuerdas a Nadalia, aquella compañera nuestra de la escuela que estaba plana por delante? Pues ahora está así". Y al decir eso se puso las manos frente al pecho, con los dedos flexionados, como figurando sendos globos. Pregunta el amigo, interesado: "¿Tiene implantes?" "No —contesta el ruin sujeto—. Tiene artritis".

UN HOMBRE JOVEN le confió a su amigo: "Tengo un problema grande. Mi vecina es tan bella que no puedo mirarla sin que mi varonía se exalte. Experimento entonces una tumefacción en la entrepierna difícil de ocultar, y eso me apena mucho ante ella. Mañana me invitó a visitarla a su departamento. ¿Cómo puedo llegar en esa visible condición de exaltada rijosidad erótica?" Le sugiere el amigo: "Ponte cinta canela en esa parte, de modo que quede contenida la inflamación que dices". Al día siguiente el amigo del joven le preguntó cómo le había ido en su visita a la muchacha. "No muy bien —responde él—. Seguí tu recomendación, y me puse ahí cinta canela. Llamé a su puerta, y ella abrió. Iba vestida sólo con un vaporoso negligé que dejaba a la vista todos sus encantos. Y entonces la noqueé con un *upper* directo a la barbilla".

EN LA MARISQUERÍA le pregunta un tipo a otro: "¿Por qué no pediste los ostiones? Me dicen que ponen tinta en tu pluma". "La verdad —suspiró el otro—, en estos días no tengo a quién escribirle".

DON MITRO LE contó a su amigo: "Tengo un problema con mi esposa: nunca me hace piojito cuando se lo pido". Responde, pensativo, el otro: "Extraño comportamiento es ése. Si te hace güey no veo por qué no te quiera hacer piojito". (Para beneficio de mis cuatro lectores en el extranjero diré que en México "hacer piojito" es un mimo consistente en rascar delicadamente con un dedo la cabeza de alguien. Un hombre estaba casado con una bruja. Cierta noche le pidió: "Hazme piojito". Desde entonces nadie lo ha vuelto a ver, pero algunos lo han sentido. Por otra parte, "hacer güey" a alguien es engañarlo. *N. del A.*)

REGRESÓ A LA ciudad aquel señor después de haber pasado todo el año trabajando en una remota mina. "Oye —le preguntaban sus amigos—. Y si en la mina había hombres solamente, ¿no tenías actividad sexual?" "Claro que la tenía —responde el señor—. Y súper". "¿Cómo súper?" —dicen sin entender los amigos—. "Estilo supermercado —precisa el otro—. Autoservicio".

UN TIPO LES cuenta a sus amigos: "Mi vida sexual ha mejorado mucho desde que mi esposa y yo dormimos en recámaras separadas". "¿Cómo puede ser eso?" —se asombran todos. "Sí —confirma el individuo—. Mi recámara está aquí, y la de ella en Tijuana".

TRES AMIGOS SE reunieron a comer en un restaurante, y dos de ellos se enzarzaron en una ardua discusión acerca del momento en que comienza la vida del hombre. Uno opinaba que empieza desde el momento mismo de la concepción; el otro, por el contrario, sostenía que la vida tiene su inicio en el nacimiento. El debate se estaba volviendo disputa: ya había en las argumentaciones más calor que luz. Interviene en ese punto el otro amigo, y declara de manera terminante: "Ninguno de los dos tiene razón. La vida del hombre empieza cuando la esposa y los hijos se van de vacaciones".

EN COMPAÑÍA DE un amigo el feliz papá veía en la maternidad, a través del cristal de la sala de cunas, a su hijita recién nacida. "¡Qué cochitas tan monitas! —dice con voz mimosa—. ¡Méngache con chu papá! ¡Ah! ¿Te fijaste que sonrió?" Responde el amigo: "No vi sonreír a la bebita". Aclara el feliz papá: "Hablo de la enfermera".

LE CUENTA UN tipo a otro: "Mi esposa y yo practicamos el nudismo en nuestra casa". Pregunta el otro: "¿Cuántos hijos tienen?"

"Quince" —responde el individuo—. Concluye el amigo: "Entonces no es que practiquen el nudismo; lo que sucede es que no tienen tiempo de vestirse".

DOS TIPOS PLATICABAN en el bar. Uno de ellos le pregunta al otro: "Si en este momento supieras que te quedaba sólo una hora de vida, ¿qué harías?" Contesta el otro sin dudar: "Me soltaría haciéndole el amor a todo lo que se moviera. Y tú ¿qué harías?" Contesta el primero muy apurado: "Me quedaría quietecito".

EN UNA CAMA de hospital estaba un tipo vendado de la cabeza a los pies cual momia egipcia. Lo visita un amigo y le pregunta: "¿Qué te pasó". Con feble voz responde el lacerado: "Vionos". Pensó el amigo en uno de esos raros virus africanos que aparecen de pronto y asuelan como flagelo bíblico a la doliente humanidad. "No entiendo" —le dice—. Le explica el otro: "Estaba con una mujer casada; llegó el marido y vionos".

LE DICE UN tipo a otro: "Ya no podré ver a la cara a mi novia". Pregunta el amigo: "Pues, ¿qué hiciste?" "Yo nada —responde el tipo—. Pero ella se hizo una operación para agrandarse las bubis".

LE CUENTA UN tipo a su amigo: "Mi hijo no quiere ningún trabajo en el actual Gobierno. Le tiene un odio feroz". "¿Al Gobierno?" "No. Al trabajo".

DECÍA UN TIPO a otro: "No estoy satisfecho con mi matrimonio. En cuestiones de amor mi mujer es muy fría, muy indiferente. No pone nada de su parte para hacer emocionante y atractiva nuestra intimidad; permanece inmóvil siempre". "Haz lo que yo —le aconseja el otro—. Usa la técnica 'cowboy'". "¿La técnica 'cowboy'? —se interesa el tipo—. ¿En qué consiste?" "Cuando estés haciendo el amor dile a tu esposa que con tu secretaria gozas más. ¡Verás los reparos que pega!"

DECÍA UN SEÑOR a otro: "Todas las noches, cuando llego a mi casa del trabajo, mi señora me quita los zapatos". "¿Para que te sientas a gusto?" —pregunta el otro—. Y dice el señor: "No. Para que no me pueda salir".

AFRODISIO, HOMBRE SALAZ y dado a cosas sicalípticas de libídine y concupiscencia, estaba en el hospital vendado de la cabeza a los pies cual momia egipcia. "¿Qué te pasó?" —le pregunta un amigo, consternado—. "Pie de atleta" —responde Afrodisio con feble voz que apenas el amigo alcanzó a oír. "¿Pie de atleta?" —repite éste con asombro—. "Sí —confirma Afrodisio—. Un levantador de pesas me sorprendió haciéndole el amor a su mujer, y me tundió a patadas".

LE CUENTA UN tipo a su amigo: "Cada vez que llego tarde a la casa mi mujer se pone histórica". "Será histérica" —le corrige el otro—. "No —explica el tipo—. Se pone histórica, porque me recuerda con absoluta exactitud todas las fechas en que he llegado tarde desde que nos casamos".

AQUEL SEÑOR TENÍA un amigo de juventud. Cierto día el tal amigo, que vivía en otra ciudad, le anunció su visita. Fue a recibirlo en el aeropuerto, lo instaló en el hotel, y acordaron cenar esa misma noche en la casa del señor. "¿Qué me sugieres hacer de aquí a entonces?" —pregunta el amigo—. "Te diré —responde el señor bajando la voz en tono de complicidad—. Hay un suburbio rico que se llama Villa Petunia. Las señoras que ahí viven son de buen ver y de mejor tocar. Están solas todo el día, pues sus maridos se van a trabajar y no regresan sino hasta la noche. Algunas van al parque de la colonia, y ahí buscan quien les haga compañía. Ve allá; estoy seguro de que tendrás suerte y pasarás un rato ameno". A media tarde el señor decidió ir a su casa a fin de disponer todo para la visita de su amigo. Entró y ¡oh sorpresa! ahí estaba su esposa refocilándose cumplidamente con el visitante. "¡Desgraciado! —le grita éste a su amigo en paroxismo de furor—. ¡Te dije Villa Petunia! ¡Ésta es Villa Tulipán!"

SE ENCUENTRAN DOS amigos. "Supe que te divorciaste de tu mujer —dice uno al otro—. ¿Por qué, hombre? ¿Qué sucedió?" Responde el otro: "¿Te gustaría a ti vivir con una persona inconsciente, desobligada, gastadora, y para colmo infiel?" "Claro que no me gustaría" —dice el amigo—. "Pues a mi señora tampoco le gustó ya" —dice con gran tristeza el otro—.

HÁGALE LA SIGUIENTE broma a un amigo. Cuéntele:
"Había en el Cielo un santito que sufría mucho porque no recibía ninguna devoción. Todos los santos tenían sus devotos: san Francisco, san Pedro, san Antonio, san Juditas Tadeo, san Juan, y no se diga el señor san José. En cambio a él nadie le rezaba ni le pedía milagros. Fue el pobre santo con Diosito y le contó su pena: quería tener devotos, igual que los demás. "Lo que pasa contigo —le dijo el Señor— es que no te haces publicidad. También en esto es necesaria la mercadotecnia. Mira: voy a hacer que te impriman un millón de estampitas con tu efigie, tu nombre y tu oración. Tú irás a la Tierra, y personalmente las repartirás. Una cosa te voy a pedir, sin embargo: no les des estampita a los indejos. Ellos no saben de estas cosas". Bajó el santo a la Tierra, en efecto, y repartió las estampitas. A todos les dio, menos a los indejos. Y, tal como el Señor le había dicho, llegó a tener muchos devotos... ¿Ya sabes quién es ese santito? ¿No lo sabes? ¡Qué! ¿A ti no te dio estampita?"

DICE UN TIPO a otro: "Anoche invité a una muchacha en el bar a tomar una botella de champaña, y luego la llevé a mi departamento". "¡Fantástico! —exclama el otro—. Te fue muy bien". "Ni tanto —contesta el otro con disgusto—. Ya que la conocí me di cuenta de que me la hubiera podido llevar con una cheve".

EN LA CANTINA le dice un tipo a otro: "Soy un canalla. He estado engañando a mi esposa. Pero ahora mismo voy a pedirle perdón". Llega a su casa el contrito sujeto. Hecho un mar de llanto le confiesa a su esposa su infidelidad, y le suplica que perdone su desvío. "Te perdonaré —contesta muy digna la señora—, si me dices el nombre de la mujer con la que me engañaste". "Eso no te lo puedo decir" —responde él—. "Ya sé —dice ella—. Ha de ser la vecina del 14. Le encantan los maridos ajenos". Él calla. "O si no —prosigue la señora—, ha de ser la comadre Ardilia. Más de una vez le ha puesto los cuernos al compadre". El marido no responde nada. "Si no es ninguna de ellas —prosigue la señora— entonces ha de ser mi amiga Coñeta. Parece una mosquita muerta, pero con todos jala". Al día siguiente el amigo del tipo le pregunta: "¿Te perdonó tu esposa?" "No —responde él—. Pero me dio muy buenas pistas".

"TENGO TRES HIJAS —dice un tipo a su amigo—. La primera se llama Rosita, por mi mamá, la segunda se llama Mariquita, por mi suegra, y la tercera se llama Inés". "¿Por qué?" —pregunta el amigo—. "Por inesperada" —explica el tipo—.

"¿Y DE QUÉ murió tu abuelito?" —pregunta un tipo a otro—. "Lo mató el peso del tiempo" —responde éste—. "¿El peso del tiempo? —se extraña el que preguntaba—. Será el paso". "No, el peso —confirma el otro—. Se cayó el reloj de la Catedral y él estaba abajo".

DICE UN INDIVIDUO a otro: "Mi novia es un poco deforme. Hay quienes la consideran un fenómeno de circo, porque tiene las pompis por delante y el busto por detrás". "Oye —se asombra uno—. Debe verse muy rara". "Rara sí se ve —reconoce el tipo—. ¡Pero vieras qué a gusto se baila con ella!"

JACTANCIO, SUJETO PRESUMIDO y baladrón, veía pasar a las mujeres del pueblo por la plaza. "Mira —le dice con suficiencia de tenorio a un amigo—. Esa muchacha que va ahí fue mía. Y aquella señora también. La mujer de rojo fue mía igualmente, lo mismo que esa del vestido azul. Las dos chicas que van juntas por allá fueron mías también. Todas ellas han sido mías, y otras muchas más". "¡Carajo! —exclama el amigo con admiración—. ¡Entre tu esposa y tú se van a adueñar de todo el pueblo!"

EL SEÑOR AQUEL le comentaba a un amigo: "Fíjate que mi señora siente asco y antojos". "Estará embarazada" —sugiere el amigo—. Y dice el señor: "No. Siente asco de mí y se le antojan el lechero, el panadero, el carnicero..."

"EL PERIÓDICO DICE que mi mujer es una de las damas mejor vestidas de la ciudad —dice un tipo a otro—. ¿Tú qué opinas?" "Se viste bien, en efecto —responde el otro—. Pero muy despacio".

EN LA REUNIÓN en que celebraban 10 años de haberse recibido, pregunta un tipo a otro: "¿Y cómo te ha ido?" "Maravillosamente bien, de fábula —responde el otro—. Ando con una rubia, con una morena y con una pelirroja". En la reunión para celebrar 25 años de haberse recibido vuelven a encontrarse. "¿Cómo te ha ido?" "Maravillosamente bien, de fábula —contesta el otro—. Tengo casa aquí, casa en Acapulco y casa en la montaña". En la reunión para celebrar los 50 años de haberse recibido se encuentran nuevamente. "¿Cómo te ha ido?" —pregunta otra vez el tipo—. Y responde el otro: "Maravillosamente bien, de fábula. Anoche cené huevos con chorizo y no me hicieron daño".

LE CUENTA UN tipo a otro: "La noche del cumpleaños de mi esposa la sorprendí con un sugestivo juego de ropa interior de encaje negro, un vaporoso negligé color rojo encendido y unas sensuales medias de malla con liguero". "¡Vaya manera de sorprenderla!" —exclama el otro—. "Sí —confirma el tipo—. Nunca me había visto usar esa ropa".

SE ENCONTRARON DOS amigos en el súper. "Ando buscando a mi señora" —dice uno. "Yo también busco a la mía" —dice el otro. "¿Cómo es tu esposa?" —pregunta el primero—. Responde el otro: "Es alta, rubia, de ojos verdes, tiene un busto precioso, cintura delgadita, es amplia de caderas y tiene hermosas piernas. Y tu esposa, ¿cómo es?" Contesta el amigo con ansiosa voz: "Olvídate de mi esposa. Vamos a buscar a la tuya".

EL TIPO AQUEL llega a la casa de su amigo: "¿No está Glafiro, verdad?" "No, no está" —responde su señora—. "Bueno —dice el tipo. Ahora que estamos solos quiero decirte que me gustas mucho y que pagaría mil pesos por un rato de tu compañía". "¡Majadero! —exclama indignada la señora—. ¡Retírate inmediatamente!" "Muy bien —dice el tipo sin inmutarse—. Entonces 5 mil pesos". "No debes proponerme esas cosas —vuelve a decir la señora—. Vete por favor". "Diez mil pesos" —insiste el individuo—. "No estaría bien —dice ya un poco vacilante la señora—. Entonces 25 mil". La señora piensa en todo lo que podría hacer con esa cantidad y accede. Por la noche llega su marido. "¿Estuvo aquí mi amigo Arterio?" —pregunta a su señora—. "Sí, —responde ésta un poco nerviosa—. Vino y preguntó por ti". ¿Y te entregó mi sueldo?" —pregunta el marido—.

EL HOSPITALARIO ANFITRIÓN trataba de atender lo mejor posible a su invitado. "Un cigarrito". "No, gracias". "Una copita". "No, gracias". "Un refresco". "No, gracias". En eso entra la señora de la casa, dama de muy buen ver y de mejor tocar. Dice el marido: "Mi señora". Y responde el otro: "Sí, gracias"

UN MUCHACHO CUENTA a su amigo: "Todas las noches mi novia me dice: "No me tientes la paciencia, Sigifredo, no me tientes la paciencia"'. "¿Y por qué te dice eso?" —pregunta el amigo—. Y responde el muchacho: "No sé. Supongo que no le gusta llamar a las cosas por su nombre".

EN TORNO DE una mesa de cantina cuatro alegres sujetos hablaban de un tema que no debería ser objeto de conversación entre personas con sindéresis, o sea con buen juicio y discreción. Dijo uno: "Mi mujer usa ropa íntima negra. Eso le da un misterio que me encanta". El segundo reveló: "Mi esposa usa ropa íntima blanca. Eso le confiere un aire nupcial que me seduce". Habló el tercero: "Yo soy férvido partidario de las Chivas del Guadalajara. Mi señora usa en su ropa íntima los gloriosos colores de mi equipo. Eso le da un aire popular que me entusiasma". Exclamó el cuarto: "¡Ah! ¿Entonces tú eres el marido de la Chiva Godiva?"

EL SEÑOR IBA con su esposa, una dama de muy buen ver y de mejor tocar. Se toparon con un amigo del señor. "¿Qué tal? —pregunta el amigo—. ¿Qué haces?" Contesta el señor: "Aquí, pasándola". Y dice de inmediato el individuo: "¡Te la acepto!"

AQUEL SEÑOR FELIZMENTE casado tenía un amigo de su misma edad y todavía soltero. Lo exhortaba con vivos acentos a casarse. "¿Para qué? —respondía el maduro célibe—. Vivo con dos hermanas". Le contesta el señor: "Está bien eso, pero hay cosas que no puedes hacer con tus hermanas". Replica el otro: "¿Y quién te dijo que son mis hermanas?"

DOS AMIGOS SE encuentran en la calle. "¿Cómo está tu esposa?" —pregunta uno. "Está muy bien" —responde el otro. Entonces el primero lo agarra súbitamente por las solapas del saco y le pregunta hecho una furia: "Si tan bien está, ¿entonces por qué chingaos andas con la mía?"

LE DICE UN tipo a otro: "Te veo cansado, pálido, ojeroso. ¿Qué te pasa?" Responde el otro con voz feble: "Tengo un problema en mi vida matrimonial. Mi esposa trabaja en una guardería infantil". Se extraña el amigo: "¿Y eso qué tiene que ver con tu vida matrimonial, y con tu agotamiento?" Explica el individuo: "Es que cada vez que hacemos el amor, al terminar me da palmaditas en la espalda, como a los bebés, para que repita".

LA SEÑORA LE dice a su marido: "Tengo que confesarte algo: estoy saliendo con tu mejor amigo". Pregunta el tipo: "¿Y te va a llevar de aquí?" Contesta la señora: "No". Replica el marido: "Entonces no es mi mejor amigo".

DON CORNULIO TENÍA un amigo, don Candidio, que siempre veía el lado bueno de las cosas. Un día le cuenta don Cornulio: "Estoy desesperado. He sabido que mi mujer tiene dos amantes". Don Candidio lo anima. "Ve el lado positivo del asunto —le dice—. ¡Necesita dos hombres para sustituirte!"

EN EL BAR don Astasio le cuenta a un amigo: "Estoy pensando en divorciarme de mi esposa". "¿Por qué?" —pregunta el otro—. "Me hace objeto de chantajes sexuales —responde don Astasio—. Cada vez que le hago el amor me cobra mil pesos. Eso es para mí una humillación". "Y grande —confirma el amigo—, sobre todo tomando en cuenta que a los demás nos cobra 500 pesos".

DICE UN SUJETO a otro: "El maestro Tibón opina que el ombligo es el centro erótico". "¡Mira! —se sorprende el otro—. ¡Yo más bien pensaba que estaría más abajito!"

Animales

"POR FAVOR —LE suplica el ciempiés a su amiguita—. Abre las piernitas". Replica ella, terminante: "¡No, y cien veces no!"

A CONTINUACIÓN PRESENTAMOS la verdadera historia de *La perrita chihuahueña y el feroz león africano.*

Una turista mexicana viajaba por el Continente Negro (África, según dato reciente). Llevó consigo a su mascota, una linda perrita chihuahueña más diminuta aún que aquella a la que dio popularidad Xavier Cugat. Sucedió que el animalito salió del campamento y extravió sus pasos en lo más denso de la selva (no de la jungla, pues jungla hay sólo en la India y en otros países de Asia y América. *N. del A.*) Perdida estaba la perrita cuando advirtió que un feroz león andaba cerca y oliscaba el aire. Seguramente había sentido ya su olor, y pronto caería sobre ella para devorarla. ¿Qué hacer para salvar la vida y no servir de bocadillo al león? Encontró la perrita un montón de grandes huesos, restos seguramente de un animal comido por las fieras, y se puso encima de ellos. Cuando llegó el león simuló la perrita que se acababa de dar un gran banquete, y que sólo dejó los huesos del animal que había devorado. Dijo en voz alta a fin de que la oyera el león: "¡Caray! ¡De veras que son sabrosos estos leones! ¡No veo la hora de comerme otro!" Oyó el felino aquella exclamación y vaciló. Jamás había visto un perro chihuahueño, y supuso que la perrita sería una temible bestia, un nuevo y peligrosísimo animal desconocido. Mejor haría en no meterse con aquella extraña criatura. Así pensando se retiró el león, cauteloso, y la perrita suspiró aliviada. Mas ocurrió que un chango de mala entraña vio la escena, y fue a buscar al león. "Eres un tonto —le dijo—. Los huesos que viste eran ya viejos. Ese insignificante bicho te engañó. ¿Cómo piensas que una perrilla de tal tamaño puede matar al rey de la selva y tragárselo? Debes regresar y castigarla por su atrevimiento". Movido por las palabras del macaco volvió sobre sus pasos el león hecho una furia. Bien pronto dio con la perrita. Vio ésta con el rabillo del ojo que venía el felino y dijo en alta voz y con acento de impaciencia: "¡Caramba! ¡Cómo tarda en llegar el otro león que el chango se comprometió a arrimarme!"

AQUEL GRANJERO TENÍA tres vacas, y todos los sábados por la mañana las cargaba en su camioneta para llevarlas a una entrevista con el toro del vecino. Un cierto sábado se levantó ya tarde, pues se había desvelado la noche anterior. Cuando salió de su casa miró algo que lo dejó estupefacto: dos de las vacas se habían subido ya a la camioneta, y la otra estaba haciendo sonar el claxon.

EL GALLO LE ordena a la gallina: "A partir de mañana te vas a levantar a la misma hora que yo y te pondrás de inmediato a mi disposición para lo que yo quiera mandar. Además...". Lo interrumpe la gallinita: "Un momento —le dice al gallo con voz firme—. Aquí la de los huevos soy yo".

SE QUEJABA MUY triste la cigüeña: "La gente me llama 'el pajarraco' —suspiraba— y lo único que hago es acabar lo que empezó un pajarito".

EL GUSANITO SACÓ la cabecita de la tierra y vio lo que le pareció una gusanita de atractivo trasero. "¿Entonces qué, preciosa? —le propone con sugestivo acento—. ¿Salimos en la noche?" "No seas imbécil —le responde una vocecita—. Soy tu otro extremo".

UN SEÑOR ENTRA en la cantina con un perro. Va al piano, toca unos acordes y el perro procede a cantar con voz maravillosa de tenor: *"Parmi veder le lagrime"*, de *Rigoletto*, de Verdi; *"Salut! demeure chaste et pure"*, de *Fausto*, de Gounod, y *"Wohin seid ihr entshwunden"*, de *Eugene Oneguin*, de Chaikovski. Muy asombrado un parroquiano va con el señor y le dice: "¡Le compro su perro! ¿Cuánto quiere por él?" "Deme 20 pesos" —pide el dueño del animalito—. "¿Veinte pesos? —se maravilla el señor—. ¡Es muy poco pedir por un perro que canta ópera!" "Ya lo sé —responde con tristeza el señor—. Ahorita los que se están vendiendo bien son los que cantan música grupera".

LORD FEEBLEDICK LLEVÓ a su mejor perra a la cacería de la zorra. Lo que no sabía era que estaba en celo (la perra, no él ni la zorra). A medio día pregunta lord Feebledick a su montero: "¿Cómo se porta nuestra perra, Hubert?" "Espléndidamente, milord —contesta el hombre—. Va delante de todos los perros. En segundo lugar corre Bluenuts, el suffolk de sir Grandbutt Ocks; en tercer sitio va Hornybrat, el peak de lady Loosebloomers, y en cuarto corre Flatass Babe, el beagle de lord Inary. La zorra va en quinto lugar".

LE DICE UN tipo a otro: "Mi caballo repara". "Todos los caballos reparan" —contesta el otro—. Replica el primero: "¿Televisores?"

EL CIRCO NECESITABA un nuevo domador de leones, y puso un anuncio en el periódico. Se presentaron a solicitar el empleo dos aspirantes: una preciosa rubia y un individuo de aspecto estrafalario. El empresario les dijo que los iba a someter a una difícil prueba: enfrentarse a Meneater, el león más feroz del circo. La rubia entró sin vacilar en la jaula y se enfrentó al temible félido. La valiente mujer no llevaba pistola o látigo en las manos; ni siquiera se escudaba en la silla que usan los domadores para protegerse. Por el contrario: cuando estuvo frente al león dejó caer la vaporosa bata que se había puesto y se expuso al natural a la fiera como suprema prueba de valor. El león, rugiente en un principio, se arrastró dócilmente hasta llegar a los pies de la domadora, y gañendo como un cachorro empezó a lamerla mansamente. Maravillado, el empresario se vuelve hacia el otro aspirante y le pregunta: "¿Puede usted hacer lo mismo?" "Y hasta más —responde el tipo con arrogancia—. Sólo ordene que saquen al león".

"EL NUEVO GALLO de mi corral es muy apasionado —decía la gallinita a sus amigas—. Todas estamos poniendo huevos revueltos".

LA HORMIGA SE encuentra a la cigarra llorando desconsoladamente. "¿Por qué lloras, cigarra?" —le pregunta—. "Es que el médico me prohibió el cigarro" —responde—.

UN SEÑOR TENÍA un perico, y últimamente lo notaba muy inquieto. "Le hace falta la periquita —le dice el veterinario—. Yo tengo una y la alquilo por 500 pesos para que se la lleve a su perico". El señor lleva la periquita y la mete en la jaula de su loro. "Ahí tienes —le dice—. Para darte gusto pagué 500 pesos". Tan pronto el señor se retira el perico se le echa encima a la periquita y comienza a desplumarla. "¡¿Qué haces?!" —pregunta la periquita aterrorizada—. "Mira chula —le dice el perico—, por 500 pesos tiene que ser sin ropita".

IBAN SEIS O siete fieros osos por lo más espeso del bosque canadiense. Uno de ellos se topa con un campamento de cazadores que dormían profundamente envueltos en sus *sleeping bags*. Muy contento el oso llama a sus compañeros. "¡Vengan, muchachos! —les dice—. ¡Hay tamales!"

EL LAGARTIJITO Y la lagartijita estaban haciendo el amor sobre la hierba. Pasa el camaleón, los ve y les pregunta con pícara sonrisa: "¿Qué tal?" Responde el lagartijito: "Aquí, haciendo lagartijas".

LE DICE UN guardia de la aduana a otro: "Este perro es una maravilla: ayer en la mañana olió dos toneladas de mariguana, y en la tarde olió otra tonelada". Pregunta el otro: "¿Y qué hizo en la noche?" Responde el guardia: "Compuso media hora de música de rock".

LA GALLINITA FEA, viendo al arrogante y hermoso gallo, decía a la otra gallinita igualmente fea: ¿No te gustaría que el gallo ése fuera elevadorista?" "¿Para qué?" —pregunta la otra—. Y dice la gallinita: "Porque así nos diría: ¿A cuál piso?"

UN RANCHERO IBA por el camino con su burro y de pronto el animal decidió ya no caminar. Fueron inútiles todos los esfuerzos del hombre para hacerlo seguir. Ruegos, amenazas, e inclusos golpes, resultaron en vano. En eso llegó una mujer en su coche, y como el burro estaba atravesado en el camino ya no pudo continuar la marcha. Desciende del vehículo la conductora y le pregunta al ranchero: "¿Qué le pasa a su burro?" "No sé —responde—. No logro hacerlo andar". "Permítame" —dice la viajera—. Y acercándose al burro le hace algo. Al sentir aquello el burro echó a correr a toda velocidad. "¿Qué le hizo?" —pregunta con asombro el campesino. "Algo muy simple —explica la mujer—. Le hice unas cosquillitas allá abajo: por eso corrió así". "Pues ahora hágame las cosquillas a mí —demandó el ranchero—, porque tengo que alcanzar al burro".

AL TERMINAR LA obra de la Creación, el Señor les preguntó a las criaturas si tenían alguna reclamación. Habló el elefante: "Me hiciste las orejas demasiado grandes". Le explicó el Padre: "Con ellas podrás abanicarte en los días de calor". Tomó la palabra la jirafa: "A mí me hiciste el cuello demasiado largo". Razonó el Creador: "Gracias a él podrás alcanzar las hojas más tiernas y altas de los árboles". Se presentó la gallina y dijo al Hacedor: "A mí no me vas a lavar el cerebro como a los otros. ¡O haces los huevos más chicos, o me haces el funifáis más grande!"

EL GALLO ENCONTRÓ un montón de huevos de Pascua pintados de diferentes colores. Sin decir palabra fue y le dio una paliza a la gallina y otra al pavo real.

SIMBA, EL LEÓN, era un animal cachondo; un insaciable verriondo; un erotómano. Hembra que veía, hembra de la que al punto daba buena cuenta, aunque no fuera de su propia especie. Un día estaba refocilándose con una linda cebra. En eso llegó la leona. "¡Rápido! —le dice el león a la cebra—. ¡Haz como que te estoy matando!"

AQUEL SEÑOR FUE al jardín de su casa y vio el espectáculo más asombroso que cualquiera hubiera podido imaginar. He aquí que un diminuto ratoncito le estaba haciendo el amor al gato en forma apasionada, sin que el minino pudiera hacer nada para librarse de los lúbricos impulsos de aquel cachondo roedor. Al día siguiente el señor volvió al jardín, y lo que entonces vio lo dejó más pasmado todavía: el rijoso ratón estaba ahora dando cuenta del perro de la casa, un enorme y feroz doberman que no obstante su gran alzada y su bravura se veía obligado a aguantar el salaz asalto del lujurioso ratoncillo. Movido a curiosidad por la desatentada sicalipsis de aquel tremendo roedor, el hombre le puso una trampa en forma de jaula y lo cazó. Fue a la alcoba donde su esposa se encontraba y le mostró el ratón. Ella lanzó un grito de espanto y se cubrió la cabeza con las sábanas. "Pero, mujer —le dice con una sonrisa el hombre—. Se trata sólo de un insignificante ratoncito".

"¡Llévatelo inmediatamente! —le exige ella—. ¡No sabes lo que me hizo la otra noche!"

CELIBERIA SINVARÓN, MADURA señorita soltera se compró dos pericos. Empezó a vigilarlos pues le dijeron que eran la pareja y quería descubrir cuál era él y cuál ella. Su vigilancia rindió frutos: una de tantas noches pudo ver cómo el cotorro se le subía a la cotorrita y le hacía el amor. A fin de no confundirlos ya, la señorita Celiberia le colgó al perico lo primero que halló a mano: una cadena con una medallita. Pocos días después llegó de visita el señor obispo. Llevaba pendiente del cuello su cruz pectoral. Se le queda viendo el perico y le pregunta: "¿A ti también te pescaron follando?"

TRES VAQUEROS DEL salvaje Oeste bebían en el *saloon*. Sobre ellos volaba un mosquito con su peculiar zumbido: "Uuuuuuuuuuu". Saca uno de los vaqueros su revólver y ¡bang! ¡bang! le dispara al mosquito. Éste sigue volando: "Uuuuuuuuuuu". El segundo vaquero le tira tres balazos: ¡bang! ¡bang! ¡bang! Y el mosquito: "Uuuuuuuuuuu". Con la velocidad del rayo el tercer vaquero saca su pistola y ¡bang! sin apuntar dispara un solo tiro. El mosquito se aleja apresuradamente haciendo "Iiiiiiiiii". ¡Con su bala el vaquero lo había despojado de las partes que hacían que su voz fuera gruesa!

LA GALLINITA LES dice a sus amigas: "Me invitaron a la fiesta de fin de año que ofrecieron los gallos del corral vecino. ¡Qué fiesta! ¡Fue hace tres semanas y todavía estoy poniendo los huevos revueltos!"

LA VACA Y el toro se encontraron en el prado. "Me llamo Clavelinda —dice la vaca—. Pero dime nomás Clavel, pues con los años se me acabó lo linda". "Mi nombre es Agapito —se presenta el toro—.

Pero dime nomás Aga. A mí también los años me han maltratado mucho".

UNA HORMIGUITA MACHO trepó sobre una elefanta y empezó a ejercitar en ella sus lúbricos impulsos amorosos. En eso la elefanta pisó un tronco espinoso, y dejó escapar un quejido. Le dice la hormiguita con ternura: "¿Te lastimé, mamacita?"

UNA ALDEANA SE levantó del lecho cuando apenas estaba amaneciendo, y vio que durante la noche había muerto la única vaca de la casa. Sin ella no iba a tener lo necesario para dar de comer a su familia, de modo que decidió privarse de la vida, y se colgó de un árbol. Poco después salió el esposo, y al ver que la vaca y su mujer estaban muertas se suicidó arrojándose al barranco. Apareció el hijo mayor, y se dio cuenta, consternado, de que su padre, su madre y la vaca habían dejado de existir, de modo que tomó también la fatal determinación de echarse al río para ahogarse. Ya iba a hacerlo cuando en la orilla advirtió la presencia de una hermosa nereida, o ninfa de las aguas. Le dijo la nereida al joven: "Si me haces el amor cinco veces seguidas haré que vuelvan a la vida la vaca, tu padre y tu mamá". El robusto gañán intentó cumplir el lúbrico deseo de la ninfa, pero falló en la prueba, y la cruel criatura lo ahogó en el hondo cauce. Salió el segundo hijo, y al ver lo que había sucedido pensó igualmente en arrancarse la existencia, y fue al torrente para arrojarse en él. Lo detuvo la nereida, y le dijo: "Si me haces el amor diez veces seguidas te ofrezco resucitar a la vaca, a tu madre, a tu padre y a tu hermano". Trató el muchacho consumar la hazaña, pero no pudo completarla, y la nereida lo ahogó también en las turbulentas aguas. Vino luego el hijo menor de la familia; miró aquella hecatombe, y ya se iba a arrojar al río para morir también cuando le dijo la nereida: "Haré que la vaca, tu mamá, tu padre y tus dos hermanos vuelvan a la vida; pero para eso deberás hacerme el amor quince veces seguidas". "¿Quince veces nada más? —dijo el mancebo—. ¿Por qué no veinte? O, mejor todavía: ¿por qué no treinta veces?" "Muy bien —replicó, desafiante, la nereida—. Si me haces el amor treinta veces seguidas resucitaré a la vaca, a tu madre, a tu padre y a tus dos hermanos". El mocetón empezó a despojarse de la ropa para cumplir su ofrecimiento. Pero una duda lo detuvo. "Un momento —le dijo a la nereida—. ¿Cómo puedes garantizarme que si te hago el amor treinta veces seguidas no morirás también, como la vaca?"

RELATABA AQUEL SEÑOR: "Un coche atropelló a mi perro, y lo dejó sin las patas de atrás y sin los estos. El veterinario no pudo implantarle otras patas traseras, pero le puso unos estos de metal". Pregunta alguien: "¿Cómo se llama tu perro?" Responde el señor, Chispas".

EL TORO ESTABA de un lado de la cerca, la vaquita del otro. Puso en ejercicio la vaquita todas sus artes de seducción vacuna, y el toro empezó a bufar y a escarbar la tierra con las patas, poseído por igniscentes ansias amorosas. Finalmente, incapaz ya de contener sus rijos, el semental tomó carrera, saltó sobre la cerca y cayó junto a la vaquita. "¡Caramba! —comentó ella con un mohín de coquetería—. ¡Se ve que traes deseo, ganas y pasión!" "Traía —gime el pobre animal con aflicción—. Todo se me quedó en la cerca".

CUANDO HABÍA LUNA llena el Hombre Lobo se transformaba. Una noche llegó a su casa, y su esposa le sirvió la cena. "¡Esto es una bazofia!" —gruñó, y apartó el plato con violencia. Se levantó de la mesa sin cenar y se encerró en su cuarto dando un tremendo portazo. "No le hagan caso, niños —tranquiliza a sus hijos la señora—. Está en sus días".

EL VISITANTE DE la granja contempla con admiración al formidable toro semental y le dice al hijito del granjero: "Debe ser un toro muy bueno". "No —responde el niño—. Es bastante tonto. Juega a brincar las vacas y no puede: siempre se queda atorado sobre ellas".

LA PERRITA CALLEJERA estaba en una esquina tosiendo y estornudando. Otra perrita amiga suya llega y le pregunta: "¿Cómo pescaste ese resfriado?" Replica la perrita, muy molesta: "Todos los perros que me siguieron ayer tenían la nariz fría".

TRES ELEFANTES AFRICANOS estaban en la jungla, platicando. Dice el primero: "Quisiera tener las orejas más grandes, para poder abanicarme mejor". Dice el segundo: "Quisiera tener la trompa más grande, para poder alcanzar las hojas más altas y tiernas de los árboles". Y el tercero declara: "Yo quisiera tener las pestañas más grandes". "¿Por qué?" —preguntan los otros, extrañados—. Responde con voz ensoñadora el paquidermo: "Es que soy gay".

TREPADO EN LA barda del corral, el perico de la casa presenciaba las hazañas amatorias del gallo. Cada vez que el erótico cantaclaro se lanzaba sobre una gallina, el loro lo animaba con estridentes gritos: "¡Duro, manito, duro!" Cierto día una ráfaga de aire hizo que el cotorro cayera en el corral. De inmediato el gallo fue hacia él con evidentes intenciones lúbricas. Y le dice el lorito en tono humilde: "Suave, manito, suave".

EL ELEFANTE CONSIGUIÓ por fin que la hormiguita accediera a sus demandas amorosas. "Pero quiero sexo seguro" —pidió ella—. Preguntó el elefante: "¿Quieres que use condón?" "No —precisó la hormiguita—. En este caso 'sexo seguro' significa yo arriba y tú abajo".

SOLÍA DE VEZ en cuando el león, rey de la selva, invitar a todos los animales a una fiesta. Por desgracia siempre esos saraos degeneraban en orgías, tremendas bacanales en cuyo curso los invitados, con olvido de toda consideración de orden moral, se entregaban a excesos deplorables: andaban revueltos el chango y la jirafa; al elefante se le veía con la hormiga; el cocodrilo y el búfalo iban de la mano, y así. Atento a las buenas costumbres y al decoro social que en su reino debían prevalecer, impuso el león una severa norma: antes de entrar en la fiesta todo animal macho debía dejar en la puerta la parte que lo distinguía como tal. Recibiría por ella una contraseña la cual, terminado el convite, cambiaría otra vez por la correspondiente parte que dejó. Sucedió que un día el chango y la changuita salían de la fiesta cuando el mico se detuvo de pronto, consternado. "¡Qué barbaridad! —exclama lleno de apuro—. ¡Por equivocación me dieron lo que amparaba la contraseña del asno!" Le dice presurosa la monita: "¡Tú hazte tonto y camina más aprisa!"

EL TOPO LE propone al conejito: "Vamos a jugar una carrera de aquí hasta aquel árbol. Yo iré bajo la superficie de la tierra; tú correrás sobre ella. El que llegue primero podrá disponer del otro a voluntad". Acepta la apuesta el conejito y arrancan los dos. Ni siquiera se acercaba todavía al árbol el conejito cuando el pequeño topo asomaba ya en la meta. Conforme a la apuesta el topo dispuso del conejito según su voluntad. "Dame la revancha" —demanda el conejito—. Salen otra vez y el resultado se repite: a medio camino el conejito, ya había llegado el topo. El animalito repitió con el mohíno conejo la pasada acción. Picado el conejito —dicho sea sin segunda intención— le pidió al topo repetir la carrera. El resultado fue el mismo. Ya iba el topo a cobrar otra vez cuando una zorra que seguía de cerca los acontecimientos se dirige al conejito y le dice: "Eres un tonto. ¿No te has dado cuenta de que son dos topos, uno al principio y otro al final de la línea? Se están burlando de ti". "Nada me importa —responde con delicada voz el conejito—. Y tú no te metas: deudas de juego son deudas de honor".

LOS RECIÉN CASADOS recibieron como regalo de bodas un perico. Estaba ya en la casa cuando los novios regresaron de la luna de miel. Empezó la juvenil pareja con sus arrumacos y el lorito no les quitaba la vista de encima. Nerviosa por aquella vigilancia la flamante esposa cubrió la jaula con una toalla y amenaza al perico: "Si te asomas te voy a regalar al zoológico". Dicho lo anterior los desposados trajeron a la recámara la maleta en que traían sus cosas. Pero no la podían abrir. "Ponte arriba, mi amor" —pide el muchacho—. "No, súbete tú" —pide ella—. "Bueno —sugiere el muchacho—. Los dos arriba". El perico asoma la cabeza y grita: "¡Zoológico o no zoológico, esto no me lo pierdo!"

LE DICE LA rena a Rudolph, *the red-nosed reindeer*: "Así con la luz prendida no".

MISTER POMP OUSASS, hombre jactancioso, tenía un perro que le había costado —presumía— 10 mil dólares. Si tal afirmación era verdad entonces el perro valía más que él, pues el tal Pomp Ousass era un *redneck* lleno de prejuicios, racista, ignorante, zafio e incapaz de ver más allá de su nariz, que además tenía aplastada a consecuencia de una riña tabernaria. Cierto día un mexicano llamado Pancho llegó a la granja de Pomp Ousass y le pidió trabajo. Había oído hablar Pancho del orgullo que el tipo tenía cifrado en su perro, y le dijo que si le daba empleo podía enseñarle al animalito las tres erres: "*Reading, 'riting and 'rithmetic*". El granjero aceptó y encomendó a Pancho el cuidado y enseñanza de Bushie. Con ese nombre había bautizado a su mascota, pues había sido vehemente partidario de George Bush. Días después Pomp Ousass tuvo que salir el fin de semana. Le dio 100 dólares a Pancho para la comida del perro, y luego emprendió el viaje. ¿Qué hizo Pancho? Lo adivinaste ya: se embolsó el dinero y le dio al infeliz can lo que él comía: tortillas con chile y frijoles enchilados. Cuando el domingo regresó Pomp Ousass se sorprendió al ver a su amado perro gañendo lastimeramente y frotando en la tierra el esfínter excretorio. Y es que el pobre animal trataba en vano de aliviar con esas frotaciones el urticante ardor que sentía en la parte posterior a consecuencia del abundante chile que había comido. "¿Qué sucederle a Bushie? —le preguntó el granjero a Pancho con angustia—. ¿Por qué frotar el suelo con trasero?" "No es nada, *mister* —le contestó Pancho—. Lo que pasa es que apuntó en la tierra unas operaciones matemáticas, pero le salieron mal y las está borrando".

LA SEÑORITA PERIPALDA, maestra de catecismo, se sentía muy sola y decidió comprarse un periquito. El dueño de la tienda de mascotas le dijo: "Tengo uno, pero me lo trajeron a vender las muchachas de una casa de mala nota y su lenguaje es poco edificante". A la señorita Peripalda eso no le importó. Llevó a su casa al loro. En efecto, el cotorro era lenguaraz y maldiciente. Se la pasaba todo el día gritando: "¡Bola de borrachos! ¡Hatajo de pirujas!" y otras lindezas semejantes. Cierto día el padre Juan visitó inesperadamente a la señorita Peripalda. Cuando el señor cura entró en la sala el perico gritó con estridente voz: "¡Hatajo de pirujas! ¡Bola de borrachos! ¡Hola, padre Juan!"

EL COCUYITO CORTEJABA a la cocuyita en medio de los insectos del jardín, que seguían con mucho interés el curso del romance. Encendía apasionadamente su luz el cocuyito, y la cocuyita le respondía con su tímido resplandor. Después de un largo intercambio de fulgores la unión se consumó por fin, y ante la mirada de todos los insectos el cocuyito y la cocuyita se unieron en un intenso abrazo de amor. En el preciso instante en que se juntaron estalló un rayo y se produjo un vívido resplandor seguido de un formidable trueno. "¡Caramba! —le dice con gran admiración la caracolita al caracol—. ¡Esos son orgasmos, no fregaderas!"

EN EL ZOOLÓGICO una señora le pregunta al encargado de los reptiles: "¿Qué hace usted cuando lo muerde una serpiente?" Explica el hombre: "Me chupo la parte donde me mordió para extraer el veneno". Pregunta de nuevo la visitante, ahora con tono picaresco: "¿Y si alguna vez la serpiente lo muerde en una parte que usted no se pueda alcanzar?" Responde el individuo con tono filosófico. "Señora, ese día sabré si entre mis compañeros tengo un verdadero amigo".

Artistas

"IMITO PÁJAROS" —LE dijo el artista al empresario—. Respondió éste: "El público está harto de los imitadores de pájaros". "Entonces, adiós" —se despidió el sujeto—. Pero antes de salir volando por la ventana se bajó los pantalones y puso un huevo.

EL PINTOR LE pidió a la linda modelo: "Vayamos a mi alcoba, señorita Fornarina. A algunos pintores les gusta pintar lo que sienten. A mí me gusta sentir lo que pinto".

DON CORNULIO Y su esposa asistieron a la inauguración de una exposición pictórica. Don Cornulio se amoscó bastante al advertir que el pintor saludaba con demasiada familiaridad a su señora, y más se amoscó cuando vio un cuadro que representaba a una mujer desnuda y en la modelo notó un gran parecido con su esposa. "¡No me digas —le preguntó indignado— que has estado posando desnuda para ese hombre!" "Te juro que no —protesta ella—. Debe haberlo pintado de memoria".

DAVY HELZEL, ESTRELLA del rock pesado, era judío. Le encargó a un sastre que le hiciera un pantalón de cuero bien ceñido para usarlo en una de sus actuaciones. Cuando se probó el pantalón no le pareció lo suficientemente ajustado. "Haga que me apriete más —le pide al sastre—. Quiero que se me vea el sexo". "*Mister* Helzel —responde el sastre—. Si se lo hago más apretado se le va a ver hasta la religión.

Sexo

UN INDIVIDUO FUE a un salón de tatuajes, y le pidió al encargado que le tatuara un signo de pesos en la parte que mis cuatro lectores imaginarán. El tatuador se sorprendió al oír aquella insólita demanda. Le preguntó al sujeto: "¿Por qué quiere usted que le ponga ahí un signo de pesos?" Explica el hombre: "Por tres razones. Primera: me gusta jugar con dinero. Segunda: me gusta ver que mi dinero crece. Y tercera: cuando mi esposa quiera manejar dinero, no tendrá que salir de la casa".

DECÍA UN ADOLESCENTE: "Empleo mucho tiempo en jugar juegos electrónicos y en leer la revista *Playboy*. Eso ha mejorado mucho mi coordinación entre los ojos y la mano".

PEPITO DISCUTÍA CON el niño vecino, Juanilito, acerca de la estatura de sus respectivos papás. Cada uno afirmaba que el suyo era más alto. "Mi papá es tan alto —declara Juanilito— que cuando levanta el brazo toca el cielo". "¿Y siente algo blandito?" —pregunta Pepito—. "No sé —vacila el otro niño—. Supongo que sí". Dice Pepito: "Son los de mi papá".

PACORRO CREYÓ ADVERTIR algunos inquietantes síntomas en la Pilila, su hija. Se le veía desmejorada, traía quebrado el colorcillo y en la mañana la acometían ciertos ascos. Así pues la llevó con el doctor. "Aquí le traigo a la Pilila —le dice—. Mírela: parece un cirio, por lo pálida. Anda triste, abatida... ¿*Usté* qué piensa, médico? ¿Qué tendrá la muchacha?" "Por lo que me dice —contesta el facultativo—, yo creo que melancolía". "¿Melancolía? —repite Pacorro meneando la cabeza con escepticismo—. No; yo más bien creo que melanculiao".

EL GALÁN SE precipitó sobre la linda chica para hacerle el amor. "No tan aprisa —lo detiene la muchacha—. Hacer el amor es un arte. Es como pintar un cuadro. Se debe hacer con lentitud". Responde el tipo sin aminorar el paso: "Lo siento, pero ya no puedo contener la pintura".

AQUEL SEÑOR AMONESTÓ a su hijo adolescente: "Si incurres en placeres solitarios la vista se te va a debilitar". Le indica el muchacho agitando los brazos: "Acá estoy, papá".

UNA MUNDANA CHICA que tenía gran experiencia de la vida contrajo matrimonio con un músico. Al terminar la primera experiencia matrimonial ella se mostró decepcionada. Con cáustica voz le dice a su flamante esposo: "No sabía, Semifusio, que tus interpretaciones son en un órgano tan pequeño". "No es que el órgano sea pequeño, Balaciata —replicó el galán—. Lo que sucede es que tu sala de conciertos es demasiado grande".

Astronautas

EN LA NAVE espacial el astronauta dice a su compañero: "El altíme-
tro ya no marca, Apolodoro. Creo que hemos subido mucho más
allá de lo planeado". "¡Dios mío!" —se preocupa el otro—. Y se oye
una voz: "Dime, hijo".

UNA PAREJA DE astronautas, él y ella, llegaron a Marte y fueron re-
cibidos con interés por los marcianos que jamás habían visto terrícolas ni sabían cómo eran. Lo primero que los marcianos pidieron
a los visitantes fue que les mostraran qué comían. La astronauta
sacó una cocinilla portátil y procedió a freír unos huevos. "Estarán
listos en unos minutos" —dijo a los marcianos—. "¿Y por qué los
meneas así?" —preguntó un marciano—. "Para que no se peguen"
—explicó ella—. Enseguida los marcianos quisieron saber cómo se
hacían los niños en la Tierra. De muy buena gana el astronauta y
la astronauta procedieron a darles una demostración. Al terminar
preguntó otro marciano. "Y el niño, ¿dónde está?" "Tardará algún
tiempo" —responde el astronauta—. Y exclama muy alarmado el
marciano: "¡Entonces síguele meneando! ¡No se vaya a pegar!"

LLEGARON DOS MARCIANOS a la Tierra, y aterrizaron con su platillo
volador en una gasolinería que a esa hora estaba cerrada porque
pasaba ya la medianoche. Los marcianos descendieron de su nave
y el que parecía estar al mando fue hacia una de las bombas de
gasolina. Le dijo: "Llévame con tu líder". Desde luego no obtuvo
ninguna respuesta. "¡Llévame con tu líder!" —repitió con acento
imperioso el alienígena—. Se acerca otro marciano y le sugiere en
voz baja: "Ten cuidado. Ese terrícola es muy peligroso". "Tú no te
metas" —lo rechaza el primero. Y dirigiéndose otra vez a la bomba

de gasolina la amenaza—: "Si no me llevas de inmediato ante tu líder te destruiré". De nuevo, cosa muy explicable, su demanda quedó sin respuesta. El marciano entonces tomó su arma y le lanzó a la bomba un rayo destructor. Explotó la gasolina; se produjo un horrísono estallido y los dos marcianos fueron a caer a cien metros de distancia, quebrantados y molidos. "Tenías razón —le dice a su compañero, con doliente voz, el que había disparado—. ¿Cómo supiste que aquel terrícola era peligroso?" "Se veía a las claras —responde el otro—. Alguien cuya cosa le da dos veces la vuelta alrededor del cuerpo y que todavía alcanza a colgársela en la oreja, tiene que ser muy peligroso".

Babalucas

UN AMIGO LE pregunta a Babalucas: "¿Cómo es tu novia?" "No te la puedo describir —contesta el tonto roque—. Sólo te diré que la mitad de los hombres del pueblo quisieran acostarse con ella". Pregunta el amigo: "¿Y la otra mitad?" Contesta Babalucas: "Esos ya lo hicieron".

PREGUNTA EL PERIODISTA al boxeador: "¿Cómo te fue, Kid Babalucas, en tu última pelea?" "Muy mal —responde el púgil con acento lleno de aflicción—. Me descalificaron y además la Comisión de Box me suspendió por ocho meses". "¿Por qué? —pregunta el otro—. "Mi mánager me dijo que le metiera a mi rival un gancho" —explica Babalucas—. "Eso no va contra el reglamento" —se sorprende el periodista—. "Ya lo sé —responde con gran tristeza el Kid—, pero el que yo le metí era de esos para colgar la ropa".

BABALUCAS QUERÍA HABLAR con el señor obispo. Llamó por teléfono a su casa. "¿Está el señor obispo?" —pregunta—. "No está —le responde una voz—, es Pascua". "Ah, vaya —dice Babalucas—. ¿Y no sabes dónde lo puedo encontrar, Pascua?"

BABALUCAS CONOCIÓ EN la fiesta a una guapa morena. "Tú y yo podríamos hacer algo" —le propone—. Ella, muy bien dispuesta, responde con coquetería: "Usted me dirá". Y dice Babalucas: "Aproximadamente 1.70".

LA MUJER DE Babalucas, Boborronga, dio a luz un hijo, el tercero. "Ahí le paramos" —sentenció el papá—. "¿Por qué?" —pregunta Boborronga—. Explica Babalucas: "Leí que uno de cada cuatro niños que nacen en el mundo es chino y yo quiero puros mexicanos".

DON POSEIDÓN LLEGA a la oficina y encuentra a Babalucas con un montón de papeles en el escritorio y diciendo sobre ellos: "¡Van a ver, desgraciados, van a ver!" "¿Qué haces?" —le pregunta muy sorprendido—. "Aquí, acusando recibos" —contesta Babalucas—.

BABALUCAS IBA EN su automóvil cuando una señora que conducía una camioneta se pasó el rojo del semáforo y fue a chocar con él. "¿Qué no vio el rojo, señora?" —pregunta Babalucas—. "Perdone, caballero —se disculpa la mujer—, es que soy daltónica". "¿Y qué en Daltonia no tienen semáforos?" —se indigna el tonto roque—.

BABALUCAS FUE A un bar para solteros. En la barra miró a una dama de buena catadura cuya actitud indiciaba proclividad a ejercicios de concupiscente lascivia y lúbrica pasión. Babalucas se dirige a ella. "Encantadora señorita, ¿puedo ofrecerle una copa?" Hosca y desdeñosa responde la mujer: "Conmigo pierdes el tiempo, compañero. Soy lesbiana". Babalucas no sabía mucho de preferencias sexuales. Todo lo que no fuera la posición del misionero le era ajeno. Así, pregunta con expresión de alelamiento: "¿Qué es eso de lesbiana?" "Mira —le dice la interfecta—, ¿ves a aquella muchacha de estupendo cuerpo que está allá? Pues me gustaría ir con ella a la cama". "Entonces no hay problema —declara Babalucas—, yo también soy lesbiano".

BABALUCAS LLEGÓ AL departamento de urgencias del hospital. Traía la cabeza llena de moretones, cardenales y laceraciones. "¿Qué le sucedió? —lo interroga el médico de turno—. ¿Lo golpearon?" "No, doctor —responde Babalucas—. Yo mismo me causé las heridas al darme con la cabeza contra la pared". "¿Por qué hizo semejante cosa?" —se asombra el discípulo de Hipócrates—. "Le contaré, doctor —empieza Babalucas—. Hace cinco años iba yo en mi coche por un camino cuando el vehículo se descompuso. Era de noche y llovía torrencialmente. Busqué asilo en una casa campesina, y el dueño me recibió muy bien. Me dijo que podía quedarme a dormir ahí esa noche. Dormiría en el cuarto de su hija, una muchacha muy hermosa, y ella lo haría en el sofá de la sala. Cuando después de la cena se retiró el señor, y cuando ya me disponía a dormirme, se abrió la puerta de mi cuarto y entró sin hacer ruido la muchacha. Iba cubierta sólo por un vaporoso negligé. '¿Qué querrá? —me pregunté—. ¿Necesitará algo que tiene aquí y que olvidó llevar?' Me hice el dormido para no apenarla. Ella esperó unos momentos y luego se fue. Pero al rato regresó. Otra vez me hice el dormido. Decía para mí: '¿Qué querrá?' La muchacha me movió un poco para despertarme, pero como yo no sabía qué quería seguí simulando que estaba bien dormido. Ella se volvió a ir. Pero poco después tornó de nuevo. '¿Qué querrá?' —me pregunté con más inquietud—. Ella me preguntó acercando sus labios a mi oído: '¿Duermes?' Yo seguí haciendo como que dormía, pues no alcanzaba a imaginar qué quería. Se retiró la muchacha y ya no regresó. Pasaron cinco años, doctor. Todo ese tiempo le seguí dando vueltas al asunto. ¿Qué era lo que quería la muchacha? Hace unos momentos hallé finalmente la respuesta. ¡Fue entonces cuando me di de golpes contra la pared!"

BABALUCAS FUE CON un amigo a ver una película porno realizada en Francia. Cuando empieza la escena de mayor erotismo, la más tórrida, Babalucas se inclina sobre su amigo y le dice: "Los franceses no saben de estas cosas. A las mujeres se les besa en los labios".

CASÓ CON UNA viuda Babalucas. "A la luna de miel me fui yo solo —contaba a sus amigos—. Ella ya había pasado por todo eso".

BABALUCAS IBA A ir a la ciudad y quiso aprovechar el viaje para divertirse. Le recomienda uno de sus amigos: "Hay una casa de mala nota muy buena. Es nueva, está en las afueras de la ciudad. Dile al taxista que te lleve a Las glorias de Afrodita". Pocos días después Babalucas regresó a su pueblo. "¿Fuiste a donde te dije?" —le pregunta el amigo—. "Sí —responde el tonto roque—. "¿Y cómo te fue?" —quiere saber el otro—. "Muy mal —contesta disgustado Babalucas—, ni siquiera pude entrar a la casa". "¿Por qué?" —se asombra el amigo—. Explica el badulaque: "Nunca cambió la luz roja de alto que tienen en la puerta".

BABALUCAS LLEGÓ A una librería y pidió *El caballo de Troya*. "Está agotado" —le informa el librero—. Replica Babalucas: "Lo quiero *pa'* leerlo, no *pa'* montarlo".

UN TURISTA NORTEAMERICANO le preguntó a Babalucas algo en inglés. Babalucas bajó la vista. Repitió la pregunta el visitante y Babalucas agachó nuevamente la cabeza. Habló otra vez el americano y otra vez inclinó la frente Babalucas. Se acerca alguien que sí hablaba inglés, le dice al turista lo que quería saber y luego le pregunta a Babalucas: "¿Por qué bajaba usted la vista cada vez que hablaba el norteamericano?" Explica Babalucas: "Es que en las películas americanas siempre ponen abajo el letrero en español".

BABALUCAS LLEVÓ A su esposa a Houston a fin de que la viera un célebre doctor. "Siempre está nerviosa" —le dice—. El facultativo examina a la señora y dictamina luego: "Lo que su esposa necesitar es coito frecuente". "Bien —contesta Babalucas—. Usted mismo empiece a administrarle el tratamiento". El galeno se sorprende. Pensó que Babalucas padecía alguna disfunción sexual. "Yo no poder hacer eso —responde—, pero si usted querer yo llamar a uno de mis ayudantes". Hace sonar un timbre y entra un descomunal negrazo. La señora se queda a solas con él. En la habitación de al lado Babalucas empieza a oír suspiros, ayes y gritos apasionados de su esposa. Muy preocupado le dice al médico: "Caray, doctor, si usted y yo no supiéramos lo que es coito, cualquiera pensaría que el negro se está follando a mi mujer".

BABALUCAS FUE A la guerra. En un ataque al enemigo grita el general: "¡Sigan avanzando!" Temblando le pregunta Babalucas al que iba a su lado: "¿Quién es Vanzando?"

BABALUCAS LE CONFIÓ a un amigo: "Creo que el vecino piensa que mi esposa es experta en política agraria". "¿Por qué supones eso?" —inquiere el otro—. Explica el tonto roque: "Cada rato llama por teléfono a mi mujer, y por la extensión oigo que le pregunta si está libre el campo".

ALGUIEN LE DIJO a Babalucas: "La luz del Sol llega a la Tierra a una velocidad de 300 mil kilómetros por segundo". "¡Qué chiste! —se burló el tonto roque—. Viene de bajadita".

EL NUEVO MESERO, Babalucas, se veía muy apurado. "¿Qué te pasa?" —le pregunta el dueño del restorán—. Responde Babalucas: "Un cliente ordenó algo muy difícil. Me pidió que le llevara una trucha con un limón en la boca y un rábano en la cola". "Y ¿qué tiene eso de difícil?" —se extraña el hombre—. Contesta el tonto roque: "El limón lo puedo sostener, pero al caminar se me cae el rábano".

"BABALUCAS —LE DICE la señora a su marido—, nuestro hijo ya es todo un hombre. Creo que deberías tener una plática con él acerca del sexo y esas cosas". "Mira —responde Babalucas—, por lo que he podido observar, él ya sabe todo lo que hay que saber sobre ese tema". "Precisamente —insiste la mujer—, para eso quiero que platiques con él, a ver si te enseña algo".

BABALUCAS HACÍA UN trámite oficial. Le pide el encargado: "Deme su nombre". "No se lo puedo dar —responde Babalucas—. ¿Luego cómo me llamaría?"

ESTE CUENTO ES de Babalucas, cuando tenía 5 años. Llegó a su casa llorando desconsoladamente. "¿Por qué lloras, Babaluquitas?" —le preguntó su mamá—. "¡Rosilita me engañó!" —responde entre gemidos el pequeño—. "¿Por qué dices que te engañó?" —inquiere la señora—. Contesta Babaluquitas: "Me dijo que le enseñara lo mío, y que ella me enseñaría lo suyo. Yo le enseñé lo mío, luego ella me enseñó lo suyo, ¡y no tenía nada!"

EN UNA FIESTA el anfitrión le dice a Babalucas: "Tengo el honor de presentar a usted al doctor Ulpiano Justiniánez". "Mucho gusto, médico —le estrecha la mano Babalucas—. Aprovecho esta oportunidad para decirle que en los últimos días he sentido un dolor testicular. ¿A qué cree usted, médico, que se deba ese penoso malestar". "Perdone usted —responde el aludido—. Soy doctor, sí, pero en derecho". "Entonces no lo molesto más, médico —se disculpa Babalucas—. A mí me duele el izquierdo".

BABALUCAS Y SU amigo Boborrón fueron a cazar patos y alquilaron para el caso un par de perros. Llevaban ya seis horas de fatigas y no habían conseguido cazar un solo pato. Le dice Babalucas a su amigo: "¿Sabes qué? Se me hace que no estamos aventando los perros lo suficientemente alto".

EL CONFERENCISTA HABLABA de los agujeros de ozono. Babalucas, que seguía con gran atención la conferencia, se inclina de pronto hacia su compañero y le dice: "Me estoy aburriendo". "¿Cómo? —se extraña éste—. Me pareció verte muy atento". "Sí —reconoce Babalucas—, pero es que al principio creí que estaba hablando de una japonesa".

DESPUÉS DE DOS años de ausencia Babalucas regresó a su casa. Se encontró con una novedad: hacía un mes su señora había dado a luz un bebito. No solo eso: el bebito era negro. "¿Qué pasó, Suripancia?" —pregunta a su mujer rascándose la cabeza— "¡Ay, viejito! —responde con un suspiro la señora—. Tus cartas eran demasiado apasionadas, y ésta es la consecuencia". "Muy bien —acepta Babalucas—. Pero, ¿por qué el niño salió negro?" "No salió negro —le dice la señora—. Nació blanquito como tú. Pero como no pude darle pecho contraté a una nodriza negra y al tomar su leche el niño se puso negrito también". Babalucas acepta la explicación, pero se queda con alguna duda y va con su mamá a plantearle el caso. "¿Tú crees, mamá —le pregunta—, que haya podido suceder lo que me dice Suripancia?" "Yo creo que sí —le dice la señora—. Yo tampoco pude darte pecho, y te alimenté con leche de vaca. Y mira, todavía no se te quita lo buey".

"MI TELESCOPIO ES magnífico —le dice un tipo a Babalucas—. Aunque el edificio donde vives está a 20 cuadras de aquí, ayer por la tarde te estuve viendo por la ventana haciendo el amor con tu mujer". "¡Entonces no sirve el telescopio! —afirma triunfalmente Babalucas—. ¡Yo no estuve en mi casa en toda la tarde!"

BABALUCAS Y SU novia fueron a un día de campo, los dos solos. Ya en el romántico paraje el badulaque le pidió a la muchacha la celebración del rito natural. Ella se resistió: "Recuerda que soy señorita" —le dijo a su galán—. Babalucas, sin embargo, redobló sus instancias y finalmente la chica accedió a la urente demanda de su novio. Éste se sorprendió al ver que en el curso de la acción ella se agitaba y movía con gran fuerza, como poseída por intensa pasión libidinosa. Sacudía las caderas y las elevaba con gran ímpetu. Al terminar el trance le dice Babalucas a su novia con tono receloso: "Clorilia: me dijiste que nunca habías hecho esto, pero tus movimientos no eran los de una señorita". "Claro que lo eran —responde irritada la muchacha—. Eran los movimientos de una señorita a la que el imbécil de su novio acostó sobre un hormiguero".

"¿POR QUÉ QUIERE usted divorciarse de su esposa?" —pregunta el juez a Babalucas—. "Es que a todos mis amigos los trata como basura" —responde él—. "Ése no es suficiente causal para el divorcio —dice el juez—. ¿Qué significa eso de que a sus amigos su esposa los trata como basura?" "Sí —explica el tipo—. A todos los esconde abajo de la cama".

BABALUCAS LE PROPONE con ansiedad a Pirulina: "¿Lo hacemos, Pirulina? ¿Lo hacemos?" Responde la muchacha: "Otra pregunta idiota como ésa y me levanto de la cama, me pongo mi ropa y me voy de tu departamento".

BABALUCAS JAMÁS HABÍA ido a un partido de tenis pero un amigo suyo la invitó a ver un juego. Extrañado, el amigo observó que en el curso del encuentro Babalucas se sentaba ya inclinando el cuerpo hacia la derecha, ya inclinándolo hacia la izquierda. "¿Por qué cambias de posición una y otra vez?" Responde él señalando a donde estaba el juez: "¿No oyes a ese señor? Cada rato dice: "Cambio de bola".

EL JEFE DE Babalucas le ordena: "Vaya a la cafetería de la esquina y pídame un jugo de naranja concentrado". Llega Babalucas a la cafetería; se pone frente a la muchacha que atendía la barra; cierra con fuerza los ojos; clava la barbilla en el pecho; se pone las puntas de los dedos en las sienes y empieza a decir con gran concentración: "Me... da... un... jugo... de... naranja".

BABALUCAS, JOVEN LABRIEGO, casó con Eglogia, rústica zagala. Pasaron unos meses y ella no quedó embarazada. Fueron con un doctor de la ciudad, y éste se maravilló al conocer la causa de aquella falta de familia: ni Babalucas ni la muchacha sabían lo que debían hacer para encargar. La joven esposa era fresca y lozana, de modo que el galeno se ofreció a hacer con ella una demostración de cómo se encargan los hijos. Al terminar el trance Babalucas le dice muy preocupado a su mujer: "De seguro la cuenta del doctor va a ser muy alta. Se ve que el intenso trabajo lo agotó".

BABALUCAS ERA RECEPCIONISTA en cierto hotel. Llega un señor y le pregunta: "¿Admiten niños?" "No —responde Babalucas—. Nada más tarjetas de crédito y cheques de viajero".

EL PÁNICO CUNDÍA por la ciudad: un asaltante atacaba a sus víctimas usando como arma una jeringa llena con virus del sida. Cierta noche Babalucas iba por un oscuro callejón con un amigo cuando les salió al paso el asaltante. Esgrimiendo su jeringa el hombre los amenazó: "¡Denme todo lo de valor que traigan o les inoculo el sida!" De inmediato el amigo de Babalucas entregó su repleta cartera, el reloj de gran lujo que portaba, su pluma y lapicero de oro, un anillo precioso de brillantes, una gruesa pulsera de platino y un fistol de esmeraldas y rubíes. Finalmente —aquí no pudo contener el llanto— le entregó también una columna de Catón que siempre llevaba consigo en una mica para que le sirviera de orientación en la existencia diaria. ¡Los sacrificios que hace la gente para salvar la vida! Babalucas, en cambio, se negó a dar sus cosas. "Inyéctame si quieres" —desafió con burlona actitud al asaltante—. Éste, furioso, le hundió la aguja en un brazo y le inyectó el contenido fatal de su jeringa. Luego huyó. "¡Voto a bríos! —exclamó lleno de espanto el amigo de Babalucas, cuyo repertorio de interjecciones estaba fuertemente influido por las novelas de Salgari. (Emilio Salgari, escritor italiano, 1863-1911. Su obra más famosa, *Il Corsaro Nero*, se publicó en 1899. *N. del A.*) "¡Voto a bríos! —repitió el amigo de Babalucas al verse interrumpido por la anterior digresión—. ¿Cómo es posible que te hayas dejado inyectar? ¡Esa jeringa estaba llena de virus del sida!" "Nada importa —responde tranquilo Babalucas—. Ya sabía yo del asaltante, de modo que antes de salir me puse un condón".

LLEGA BABALUCAS A una papelería. "¿Tiene papel para muerto?" "No conozco esa clase de papel" —responde el encargado—. Busca Babalucas en otra papelería: "¿Hay papel para muerto?" "De ése no tenemos" —le dice la dependienta—. Pregunta Babalucas en una tercera papelería: "¿Venden papel para muerto?" "No manejamos esa línea" —le responde el dueño—. Regresa Babalucas a su casa e informa a su mujer: "En ningún lado hallé papel para muerto". "¡Ay, Babalucas! —se desespera la mujer—. ¡Papel parafinado!"

BABALUCAS CANTABA A VOZ en cuello: "¡León, león!" "Tienes la partitura al revés —le indica el que estaba a su lado—. Es 'Noel, Noel'".

BABALUCAS ESTABA FELIZ con su nuevo coche. "Tiene cinco velocidades —describía orgulloso—, con la primera llevo ya 10 mil kilómetros andados. ¡Y todavía no he usado ninguna de las otras cuatro!"

BABALUCAS FUE EN su automóvil con una linda chica a un paraje solitario. En el asiento delantero del vehículo empezaron las acciones amatorias. Ella era diestra en cosas de erotismo y bien pronto puso a su galán en competente estado de rijosidad. Le dijo al oído: "¿Quieres ir al asiento de atrás, Baba?" "No" —respondió él—. La muchacha siguió con sus sobos, palpamientos, roces y toqueteos, y a poco sintió por señas inequívocas que Babalucas estaba ya en el culmen del deseo sensual. "¿No te gustaría ir al asiento de atrás?" —vuelve a preguntarle—. "No" —respondió de nuevo él entre jadeos igniscentes—. La chica se desconcertó un poco, pero no era mujer que dejara una obra inconclusa. Eso se lo dejaba a Schubert. Prosiguió con empeño su labor, enriquecida ahora con sutiles destrezas mujeriles que habrían puesto en ardimiento erótico al mismísimo *Pensador*, la marmórea escultura de Rodin. Rozando con la punta de su lengua el lóbulo de la oreja del acezante Babalucas le preguntó otra vez en tono sugestivo: "Ahora sí, Baba: ¿estás listo para ir al asiento de atrás?" "¡No! —gime él desconsoladamente—. ¿Por qué quieres que me pase allá? ¡Yo quiero seguir aquí contigo!"

BABALUCAS CONSIGUIÓ EMPLEO de agente de tránsito. En su primer día de trabajo detuvo a un automovilista que se pasó un alto y le pidió que le mostrara su licencia de manejar. El tipo no la traía. Para salir del trance sacó un billete de 50 pesos y se lo puso en la mano a Babalucas. Lo mira el tonto roque, se lo devuelve al conductor y le dice con severidad: "Está bien, Morelos. La próxima vez ten más cuidado".

BABALUCAS, CON LA lengua en el carrillo como los escolares cuando se concentran para escribir, se afanaba en la ventanilla del banco en poner muchas veces sobre un cheque el número 2. "¿Qué hace, señor?" —le pregunta con extrañeza la cajera—. Babalucas se molesta. "¿No me dijiste que endosara el cheque?"

EN LA FIESTA una linda muchacha le informa a Babalucas con voz llena de lúbricas incitaciones: "Quizá te gustaría saber que soy nudista". "¿Ah, sí? —se interesa Babalucas—. ¿Y cuántos nudos sabes hacer?"

BABALUCAS VIO UN paquetito de condones en el bolso de mano de su esposa. Le dice: "Para qué gastas en eso, tontita. Recuerda que hace cinco años me hice la vasectomía.

AQUEL GENDARME SEGUÍA a un individuo sospechoso. De pronto lo perdió de vista. Vio a un hombre recargado en el poste de la esquina. Era Babalucas. Corre el policía hacia él y le pregunta ansiosamente: "Perdone usted, señor: ¿alguien dobló la esquina?" "No sé —responde Babalucas—. Cuando llegué ya estaba doblada".

UN TIPO LE ofrece a Babalucas: "Te vendo este reloj. Es digital; tiene cronómetro y calculadora; señala la hora de todo el mundo y además te puedes bañar con él". "¿De veras? —se interesa Babalucas— ¿Cuál es el botón del agua caliente y cuál el de la fría?"

UN TIPO NARRÓ en el bar: "Hace unos días me sucedió algo extraordinario. Con varios amigos fui a cazar patos. Le apunté a uno, y todavía no le disparaba cuando el pato cayó al suelo, muerto". "Eso no tiene nada de extraordinario —acota uno de los presentes—. Lo que pasó es que alguno de tus amigos disparó primero". Babalucas, que también estaba en la conversación, relata: "Extraordinario lo que me sucedió a mí: llevo apenas tres meses de casado, y mi esposa ya dio a luz un robusto bebé". "Tampoco eso tiene nada de extraordinario —dice el otro—. Alguno de tus amigos también disparó primero".

BABALUCAS LE LLEVÓ flores a su esposa. Ella recordó a lady Chatter-ley, cuyo amante cubría con flores su desnudo cuerpo. Se despojó de su vestimenta y se tendió en el lecho conyugal dispuesta ya para el amor. Luego le pidió a su marido con insinuante acento de erotismo: "Ponme las flores aquí". Y pregunta Babalucas, azorado: "¿Qué no tienes un florero?"

BABALUCAS HACÍA LA guardia en la muralla del fuerte sitiado por el enemigo. "Mi general —avisa—, se acercan mil hombres de a caballo". Pregunta con ansiedad el superior: "¿Amigos o enemigos?" "Han de ser amigos —informa el tonto roque—. Vienen juntos".

PIRULINA, MUCHACHA PIZPIRETA, invitó a Babalucas, joven de escasísi-mo caletre, a ir a un día de campo. Llegaron a un paraje encantador, más grato aún por su absoluta solitud. La primavera estaba en eclo-sión: zumbaban las abejas; los pájaros gorjeaban su canción de amor; se posaban las mariposas sobre el cáliz fragante de las flores. Todo eso hablaba del eternal misterio de la vida, que lleva a las criaturas a juntarse para perpetuarla. Sintió aquello Pirulina, y dice con suges-tivo acento a Babalucas: "Baba: las abejitas lo hacen; los pajaritos lo hacen; las mariposas lo hacen... ¿Por qué no lo hacemos nosotros?" "¡Ay, Pirulina! —se ríe él—. ¡Cómo crees que vamos a poder volar!"

BABALUCAS TRABAJABA CON dos amigos suyos en el piso 90 de un rascacielos en construcción. Un día se dispusieron a comer sentados en la más alta viga de la obra. El primer amigo abre la bolsa de su lonche y exclama con disgusto: "¡Oh no! ¡Otra vez sándwich de pollo! ¡Todos los días sándwich de pollo! ¡Si mañana vuelvo a ver en mi bolsa un sándwich de pollo me arrojaré al vacío!" El otro abre su bolsa. "¡Oh no! —exclama con igual disgusto—. ¡Otra vez sándwich de atún! ¡Sándwich de atún todos los días! ¡Si mañana vuelvo a ver en mi bolsa un sándwich de atún me arrojaré al va-cío!" Abre su bolsa Babalucas y exclama con el mismo enojo de sus compañeros: "¡Oh no! ¡Otra vez sándwich de huevo! ¡Sándwich de huevo todos los días! ¡Si mañana vuelvo a ver en mi bolsa un sándwich de huevo me arrojaré al vacío!" Al día siguiente, a la hora del lonche, el primer amigo abre su bolsa. "¡Otra vez sándwich de pollo!" —grita—. Y así gritando se arroja al vacío. El segundo abre su bolsa: "¡Sándwich de atún otra vez!" —clama—. Y así clamando se arroja al vacío. Babalucas abre su bolsa. "¡Otra vez sándwich de huevo! —impreca—. Y así imprecando se arroja al vacío. En el velorio de los tres dice muy triste la esposa del primero: "No me lo explico. Siempre creí que le gustaban mucho los sándwiches de pollo". Dice la segunda con igual tristeza: "No me lo explico. Siempre creí que le gustaban mucho los sándwiches de atún". Y dice también muy triste la esposa de Babalucas: "No me lo explico. Él mismo se hacía sus sándwiches".

Bomberos

DESDE LA VENTANA del alto edificio que se estaba quemando la bella rubia gritaba angustiada. El jefe de los bomberos llama a su mejor hombre y le pide que vaya al rescate de la chica. Por la puerta del edificio en llamas desaparece el heroico bombero. Pasan cinco minutos. Diez. Quince. Media hora. Y ni señas del bombero y de la rubia. El jefe decide subir él mismo a investigar y los encuentra en la alcoba de la chica en muy comprometida situación. "¿Qué hace usted?" —pregunta el jefe al bombero—. "Le estoy dando respiración artificial" —dice el apagafuegos—. "Pero eso se da de boca a boca" —dice el jefe—. Y responde el bombero: "Así empezamos".

SE RECIBIÓ EN la central de bomberos un telefonema. Llamaba la Solicia Sinpitier, madura señorita soltera. "¡Necesito su ayuda con urgencia! —dijo al jefe—. ¡Un hombre desnudo puso una escalera al pie de la ventana de mi habitación, y está subiendo por ella!" "Perdone —le respondió el bombero—. Para eso debe usted llamar a la policía". "No —insiste la señorita Sinpitier—. La escalera que trae el hombre es demasiado chica, y no podrá llegar a mi ventana. ¡Necesito que traigan una escalera grande!"

A MITAD DE la noche estalló un formidable incendio en el convento. La madre superiora, que despertó al oír gritos y sirenas de bomberos, saltó de la cama y echándose encima lo primero que encontró salió apresuradamente del claustro en llamas. Cuando el incendio quedó controlado le dice el jefe de los bomberos: "Madre, sería bueno que buscara usted al padre capellán". "¿Para informarle del incendio?" —pregunta ella—. "No —dice el bombero—. Para que hagan un intercambio. Usted trae puesta su sotana y él trae su hábito".

HIMENIA CAMAFRÍA, OTRA madura célibe, fue de vacaciones a Cancún. Sola en su cuarto de hotel rezó con devoción: "¡San Antonio, mándame un hombre!" Sucedió que en el hotel se había declarado un incendio. En el preciso instante en que la señorita Himenia elevó su oración los bomberos irrumpieron en masa en su cuarto. Exclama la señorita Himenia: "¡Caray, san Antoñito, se te pasó la mano! Pero en fin, ya puesta en este trance ahora dame fuerzas".

LAS SEÑORAS DEL club visitaron la central de bomberos. Una de ellas vio el agujero en el piso y el tubo de metal que usan los bomberos para deslizarse. "¿Qué es eso?" —le pregunta al jefe de los apagafuegos—. Contesta el oficial: "Es un dispositivo para que los hombres puedan salir rápidamente de aquí en caso de alarma". "¡Qué práctico!" —exclama con entusiasmo la señora—. ¡Voy a poner uno de esos en mi clóset!"

Borrachos

LLEGÓ A UNA casa desafinada, o sea de mala nota, un individuo. Iba sin más compañía que la de sus apetitos, de modo que tomó asiento solo en la barra. Se le acerca el cantinero y le pregunta qué quería tomar. "Mire —contesta el individuo—. Me va a servir usted cinco tequilas. Fíjese bien: cinco tequilas. Ni uno más. Aunque yo le pida otro, usted no me lo sirva. Es que, ¿sabe? tengo un problema muy grave. Cuando me tomo más de cinco tequilas me da por repartir las éstas. Entonces, por favor, no me deje tomar más de cinco". Algunos parroquianos y las muchachas que estaban con ellos en las mesas, oyeron la petición de aquel extraño tipo y cambiaron sonrisas con el cantinero. Éste sirvió los cinco tequilas y el tipo se los tomó en silencio, tranquilo y ordenado. Al acabar de beber la quinta copa llama al cantinero y le pide la cuenta. "Tómese otro tequila, señor" —le dice el tabernero—. "No, —responde el individuo—. Ya le dije que si me tomo uno más me da por repartir las éstas". "Ándele —insiste el cantinero ante la divertida concurrencia que oía aquello—. Es por cuenta de la casa". "No puedo, muchas gracias —vuelve a decir el hombre—. Si me lo tomo empiezo a repartir las éstas". "¿Y qué importa? —le dice el cantinero—. Total, estamos en confianza. Ande, tómeselo". El tipo vacila un poco y dice: "Bueno, está bien. Sírvamelo". El tabernero le sirve el tequila y el hombre se lo bebe de un golpe. Todos quedan en suspenso. De pronto el individuo empieza a moverse con inquietud en su banquillo, y luego le cambia la expresión. Se vuelve hacia la concurrencia y empieza a decir dirigiéndose a las muchachas presentes: "A ver: las tuyas *pa'l* señor; las tuyas *pa'l* joven; las tuyas *pa'l* que está contigo..." Enseguida se vuelve hacia el cantinero, saca una pistola, se la pone en el pecho al asustado barman y le dice: "¡Y las de usted *pa'* mí!"

EMPÉDOCLES ETÍLEZ RECIBIÓ una orden terminante de su médico: no debería beber sino con los alimentos. Le pide al mesero: "Tráigame un whisky doble en las rocas, unas costillas de carnero y un perro". "¿Un perro?" —se sorprende el mesero—. "Sí, confirma Empédocles—. Alguien se tiene que comer esas costillas".

EL BORRACHO COMENZÓ a ponerse necio en la cantina. Yendo hacia un señor que sin meterse con nadie bebía su copa en un extremo de la barra le dice en tono amenazante: "¿Está usted buscando pleito?" El otro le responde muy calmado: "Desde luego que no, amigo. Si buscara pleito me habría ido a mi casa".

EL BORRACHO TENÍA una gran panza y en la fiesta se dedicaba a importunar a una señora a la que hacía objeto de un insistente cortejo. Por fin, harta ya de las groseras atenciones del borrachín, le dice ella con desdén de modo que la escuchen los demás invitados: "¿Cómo puede usted sentirse un Casanova? Si esa panza estuviera en una mujer yo pensaría que estaba embarazada". "Estuvo, señora —responde el borrachín—. Y está".

⠔

ES VIERNES POR la noche, y el jefe de la casa se disponía a salir. "¡Empédocles! —clama su mujer llevándose las manos a la cabeza con desesperación—. ¡No te vayas a emborrachar, por el Sagrado Corazón de Jesús!" "No —replica el individuo—. Ahora me voy a emborrachar acá por el rumbo de la Medalla Milagrosa".

⌣

COMO DE COSTUMBRE, Empédocles Etílez llegó borracho a su casa aquella noche. Su mujer esperaba en la puerta, con las maletas hechas. Se había cansado de la situación, le dijo; se iba y lo dejaba para siempre. "¡Por favor, Sufricia! —se echó a llorar Empédocles—. ¡Dame otra oportunidad! ¡Te juro por Dios que jamás volveré a llegar borracho!" Ella se conmovió al ver a su esposo bañado en llanto. "Está bien —cedió—. Pero si vuelves a llegar borracho, ¿qué te hago?" "¡Chilaquiles!" —respondió sin vacilar Empédocles.

Un HOMBRE A medio ahogar quedó tendido sin conocimiento sobre la arena de la playa. El salvavidas de un hotel acudió en su auxilio, y poniendo su boca sobre la del desdichado empezó a aspirar a efecto de sacarle el agua de mar que había tragado. Con el agua salían también algas, arena, pequeños peces, conchas marinas, y aun cangrejos. Aspiraba y aspiraba el salvavidas, y salían más cangrejos y conchas, más arena, más pececillos y algas. Acertó a pasar por ahí un borrachín, y le dice al salvavidas: "Ya no saldría más agua, arena y lo demás si al hombre le sacaras del agua el otro agujero".

Empédocles Etílez llamó por teléfono a su esposa a horas de la madrugada. "Voy para allá —le anunció—. Prepárate a hacer el amor tres veces seguidas". "¡Bah! —se burló ella con tono despectivo—. ¡Estás borracho!" "No —aclara el temulento—. Estoy con dos amigos".

El PREOCUPADO CLIENTE le dice al cantinero: "Me habían asegurado que este bar es muy pacífico y el individuo que está en aquella mesa se está poniendo unos guantes de box. ¿Irá a buscarme pleito?". "No se preocupe, señor —lo tranquiliza el cantinero—. Ese cliente, cuando se siente ya mareado, se pone guantes de box. Siempre acaba en el suelo privado de sentido y los guantes son para que no le vayan a pisar los dedos".

Una MADRE DE ubérrimo tetamen le estaba dando el pecho a su bebé. Acertó a pasar por ahí Astatrasio Garrajarra, el borrachín del pueblo, y al ver aquel rotundo globo le preguntó con tartajosa voz a la lactante: "Perdone usted, señora: su niño ¿chupa o sopla?"

EL CANTINERO OFRECIÓ un premio al mejor brindis de la noche. Empédocles brindó: "¡Por que pueda yo estar siempre entre las piernas de mi esposa!" Con eso ganó el premio. Llegó a su casa, y le contó a su mujer lo sucedido. "¿Cuál fue tu brindis?" —preguntó ella—. Empédocles mintió: "Brindé diciendo: '¡Por que pueda yo estar siempre en la iglesia con mi esposa!'" Días después un vecino vio en la calle a la señora y con sonrisa traviesa la felicitó por el brindis de su marido. Respondió ella: "Me pareció muy raro que hubiera brindado en esa forma. Hace más de 10 años que no ha estado ahí, y la última vez que estuvo casi tuve que llevarlo de las orejas".

UN INDIVIDUO ACUDIÓ al bufete de un abogado de fama y le preguntó: "¿Es cierto que hay quienes están demandando a las compañías tabacaleras por el cáncer que con sus cigarrillos les causó". "Es cierto" —responde el abogado—. "Y ¿es cierto —prosigue el otro— que hay quienes están demandando a las cadenas de restoranes de comida rápida por la obesidad y problemas vasculares que les causaron sus alimentos grasos?" "También es cierto" —confirma el letrado. "En ese caso —dice el individuo— yo quiero demandar a los fabricantes de licores por las mujeres tan feas con las que amanezco después de una borrachera".

LLEGA UN SUJETO al bar del hotel y pide dificultosamente al cantinero: "Da-da-dame u-un te-te-tequila, por fa-favor". El cantinero, compasivo como casi todos los de su oficio, le dice: "Veo que sufre usted de tartamudez, señor". "S-s-sí —responde el tartamudo—. De-de-desde ni-niño. Y na-nada me ha po-podido cu-curar". "Yo también era tartamudo —le cuenta el cantinero—. Pero un día le hice el amor a mi mujer tres veces seguidas y con eso se me quitó".

El otro promete seguir el consejo. Una semana después regresa nuevamente. "Da-da-me u-un te-te-tequila, por fa-vor" —tartajea como la vez pasada—. "Veo que sigue usted tartamudeando, señor —le dice el cantinero—. ¿No siguió la receta que le di?" "La-la se-seguí —responde el tartamudo—, pe-pero no-no dio re-resultado. De cua-cualquier mo-mo-modo me pa-pasé un ra-rato muy a-agra-agradable. Po-po-por cie-cierto. ¡Qué-qué gua-guapa es tu mu-mu-mujer!"

EL BORRACHITO IBA manejando erráticamente cuando lo alcanza un oficial de tránsito en su motocicleta y lo detiene. "¿Qué pasó con el rojo, amigo?" —le pregunta—. "Lo cambié por este ama-rillito" —responde trabajosamente el borrachín—. "Contésteme bien —se molesta el de la moto—. ¿Qué no vio el semáforo?" "Sí lo vi —confiesa el ebrio—. Al que no te vi fue a ti". "A ver —solicita el agente—, los papeles". "Papeles los que estamos haciendo aquí, interrumpiendo el tránsito" —dice el borrachito—. "Quiero decir que me enseñe sus documentos" —insiste el oficial—. "¿De cuáles quieres? —pregunta el tipo echando mano a la cartera—. Traigo letras de cambio y pagarés". "Mire —se enoja ya el oficial—. Le voy a quitar la placa". "¡No la ingues! —suplica el borrachín—. ¡Voy a una carne asada!" "No —aclara muy molesto el agente—, lo voy a llevar al bote". "Bueno —acepta el intoxicado conduc-tor—, pero tú remas". "Acompáñeme" —exige el policía—. "¡Uh! —protesta el borrachín—, ni guitarra traigo, manito". El oficial, viendo en tan mal estado al borrachito, se compadece de él y decide llevarlo a su casa. Cuando llegan el borrachín hace inútiles esfuerzos por meter la llave. Con la mano iba subiendo la llave y luego bajándola, como si la cerradura se moviera. "Me equi-voqué —dice luego—. No era la cerradura. Era una cucaracha". El agente le pide la llave para abrirle él la puerta. El borrachín le entrega algo. "Oiga —dice el gendarme—, lo que me dio es un supositorio". "Ah, jijo —se preocupa el borrachín—, ¿entonces dónde puse la llave?"

ASTATRASIO GARRAJARRA, EL borracho del pueblo, llegó a su casa cae que no cae. Empezó a subir trabajosamente la escalera. En cada peldaño se paraba y decía con suplicante voz: "¡No me tumbes, José! ¡No me tumbes!" Subía otro peldaño, se volvía a detener y suplicaba otra vez: "¡Por favor, José! ¡No me vayas a tumbar!" Su mujer, que lo veía desde arriba, le pregunta asombrada: "¿A qué José le hablas?" "Cuervo" —responde el temulento.

DOS BORRACHINES VAN por el muelle cuando escuchan voces desesperadas: se había caído al agua un infeliz y no sabía nadar. Les grita angustiosamente a los borrachos: "¡Una cuerda! ¡Por favor, échenme una cuerda!" "¡Si será terco el caón ése —dice uno de los ebrios al otro—. ¡Se está ahogando, y todavía quiere ahorcarse!"

EL POLICÍA VIO a un individuo que en evidente estado de intoxicación alcohólica trataba de entrar por la ventana a una casa. "¿Vive usted aquí?" —le pregunta—. "Naturalmente —responde el temulento—. Si me ayuda a entrar se lo demostraré". El policía lo ayuda y entran los dos en el domicilio. El borrachín le indica al guardia: "Ésta es mi recámara, ésa es mi cama, y la señora que duerme en ella es mi mujer". "¿Ah sí? —pregunta el policía—. Y entonces, ¿quién es el hombre que duerme junto a ella?" Responde tartajoso el borrachín: "Soy yo".

LA ESPOSA DE Astatrasio Garrajarra, ebrio consuetudinario, habló con un psicólogo, y éste le recomendó que en vez de recibir con aspereza a su marido cuando llegara borracho lo tratara con dulzura. "Eso lo hará sentir vergüenza de su embriaguez" —le dijo—. La señora puso en práctica la recomendación. Esa madrugada, cuando llegó Astatrasio, en vez de cubrirlo de denuestos como acostumbraba o negarle el acceso a la morada, lo recibió con un amoroso abrazo. Luego dijo al estupefacto temulento: "Has tenido un día muy pesado, mi vida. Ven; te voy a preparar unos huevitos picositos. Luego nos iremos a la cama y, si quieres, haremos el amor". Astatrasio se queda pensando un momentito y luego dice con tartajosa voz: "Bueno, linda; está bien. Vamos, qué ingaos. Al cabo de cualquier modo cuando mi mujer regrese me va a poner como campeón".

LLEGÓ UNA MUCHACHA *punk* al bar. Traía el pelo pintado de rojo, los labios de azul y las mejillas de morado. Lucía una falda color de rosa con rayas amarillas y una blusa anaranjada con dibujos modernistas en tonos verde y fucsia. La ve un hombre que bebía en la barra y se dirige a ella. "Perdone, señorita. ¿Qué edad tiene usted?" "¡Eso no le importa, viejo borracho!" —se indigna ella—. "Sí me importa —contesta con toda calma el temulento— y mucho. Hace 20 años era yo explorador en la Amazonia. No había mujeres en la selva; sólo guacamayas. A lo mejor usted es mi hija".

"ERES UN IMBÉCIL —dice un tipo a otro—, anoche andabas tan borracho que te hiciste del uno en mi automóvil". "¡Un momento! —protesta el otro—. Sí me hice del uno, pero recuerdo perfectamente bien que abrí la puerta". "¡Sí, idiota! —le dice el otro—, ¡pero estabas afuera!"

DESAPARECIÓ DE SU casa Astatrasio Garrajarra, sujeto muy aficionado al vino. Pasaron muchos años sin que nadie supiera de él. Su esposa lo daba ya por muerto cuando un buen día regresó Astatrasio. "¡Santo Dios! —exclama estupefacta la señora al verlo—. ¿Dónde andabas? ¿Qué fue de ti todo este tiempo?" Explica el temulento con tartajosa voz: "¿No te dije que iba a una fiesta de 15 años?"

EL BORRACHO DEL pueblo va dando traspiés por la calle. "Mire nomás cómo viene —le dice el policía—. Voy a detenerlo". "Gracias, manito— le dice conmovido el borrachito—. Si no me detienes, de plano me voy a caer".

DOS BORRACHINES IBAN por la calle. Se detiene uno de ellos y se pone frente a la pared. Poco después llama a su compañero de beodez y le pregunta: "¿Qué tengo en la mano derecha?" "Nada" —responde el otro—. "Muy bien —dice el primero—. ¿Y en la mano izquierda?" Contesta su amigo: "Nada, tampoco". "¡Chin! —exclama el borracho—. ¡Otra vez me estoy haciendo pipí en los pantalones!"

EL BORRACHITO PASEABA por las avenidas del panteón. Ve un monumento funerario en cuya lápida se leía una doliente inscripción laudatoria: "Ésta es la tumba de un político y un hombre honrado". "¡Carajo! —exclama el temulento rascándose la cabeza—. ¡Dos hombres en una misma tumba!"

EL PADRE ARSILIO estaba amonestando a Empédocles Etílez, el borrachín del pueblo. Le dice con paternal solicitud: "Ya no tomes tanto, hijo". "Padre —declara solemnemente el temulento—, *pa'* lo que me gusta el -edo, tomo poco". "¿Acaso no sabes —insiste el buen sacerdote—, que el consumo inmoderado del alcohol acorta la vida?" "¡Claro que lo sé, padrecito! —replica el azumbrado—. Ayer no tomé ni una gota ¡y el día se me hizo largo, largo!"

EL JUEZ APLICÓ severa multa a un borrachín por escandalizar en la vía pública. "Con todo respeto, señor licenciado —farfulla el temulento—, es usted un indejo". "Quinientos pesos más de multa —impone el juez—, por desacato al tribunal". Dice el beodo: "Además es usted un caborón". "Mil pesos más por insultar al juez" —ordena el juzgador—. Enseguida le pregunta al individuo: "¿Tiene usted otro insulto qué añadir?" Con tartajosa voz responde el ebrio: "Con esos precios, no, su señoría. Avíseme cuando haya alguna oferta, pa' venir a mentarle la mamá".

AQUEL TIPO LLEGÓ borracho a su casa en horas de la madrugada. Abrió la puerta, entró tambaleándose y la cerró dando un portazo. Luego, retador, lanzó un estentóreo grito de mariachi y dijo a voz en cuello al tiempo que subía la escalera: "¡Son las 4 de la mañana y vengo bien borracho! ¡Y qué, y qué, y qué!" Entra en la recámara, enciende todas las luces, se planta al pie de la cama y repite desafiante: "¡Vengo borracho! ¿Hay algún problema?" Luego va al baño, se mira en el espejo y dice con una gran sonrisa: "¡Caramba, qué bonito es ser soltero!"

CAMINABA POR EL centro de la ciudad un elegante caballero cuando le vino la urgencia de desahogar una necesidad menor. Desesperadamente buscó dónde, pero no encontró ningún lugar adecuado. Incapaz de retardar más el cumplimiento de su urgencia se puso junto a un poste y cubriéndose la cara con un libro abierto, para que nadie lo fuera a reconocer, dio libre curso a la naturaleza. En eso estaba cuando llegó un borrachito que se puso a hacer lo mismo que él. Se queda viendo el borrachito al caballero y a su libro, y luego le dice, retador: "¡Yo estoy haciendo más! ¡Y de memoria!"

LA ESPOSA DE Astatrasio Garrajarra le pregunta airadamente: "¿Por qué vienes medio borracho?" "Es que se me acabó el dinero" —responde con encomiable sinceridad el temulento—.

LLEGÓ UN BORRACHÍN a una cantina y le rogó al tabernero que le diera por caridad una cerveza gratis, pues no traía dinero para pagarla, a fin de curarse la espantosa cruda. El cantinero le dijo sin más propósito que el de quitárselo de encima: "Te daré todas las cervezas que quieras si haces tres cosas: pegarle al Sacaflatos, el grandulón que tengo para echar a la calle a los ebrios escandalosos; extraerle a Satán, el perro bulldog que cuida la bodega, un colmillo que trae flojo y follarte a esa mujer que está sentada en el extremo de la barra". Sin decir palabra el ebrio va y de un puñetazo en la mandíbula deja privado de sentido al hombrón de la puerta. Luego se dirige a la bodega y a poco se oyen gemidos lastimeros de Satán. Regresa el temulento y le pregunta al cantinero: "¿Dónde dijiste que está la mujer con el colmillo flojo?"

Un borrachito entra en el elegante hotel y en el mostrador de recepción da fuertes golpes con la mano. El gerente levanta una ceja y le pregunta con ofendida dignidad: "¿El señor está hospedado con nosotros?" "¿Que si estoy hospedado? —responde muy orgulloso el borrachín—. ¡Estoy hospedísimo, señor mío!"

Caníbales

DOS CANÍBALES, PAPÁ e hijo, salieron a conseguir comida para el día. Llegaron a la vereda usada por los hombres blancos para caminar por la selva y ocultos entre los matorrales se dispusieron a esperar la presa. A poco dice el hijo lleno de excitación: "¡Ahí viene uno, padre!" Ve el caníbal al que se acercaba y dice: "Es un misionero. Tan flaco está que no tiene carne ni para botanear. Déjalo que pase". Poco después otro hombre blanco se acercó. El muchacho levantó su lanza pero el otro caníbal lo detuvo. "Es un cazador rico —le dice—. Está tan gordo que la grasa que hay en su cuerpo nos mataría. Déjalo pasar también". Transcurrió una hora. De repente dice el joven antropófago: "¡Ahí viene alguien más!" En efecto, por la vereda venía una hermosa muchacha esbelta y rubia. Dice el caníbal hijo: "Tampoco tiene mucha carne. ¿La dejamos pasar también?" "No —indica el padre—. A ésta me la voy a llevar yo. Nos comeremos a tu mamá".

UN GRUPO DE caníbales llegó a México procedente del África Central. Los antropófagos pidieron trabajo en una oficina de gobierno. Temeroso de afrontar a la Comisión de Derechos Humanos si no daban empleo a los caníbales, un cierto secretario les ofreció ocuparlos en su secretaría y se tomó con ellos una foto que se publicó en los diarios con el título: "Igualdad de oportunidades para todos". En lo secreto, sin embargo, el funcionario hizo un pacto con los antropófagos, del cual no se enteró el presidente. Por virtud de ese compromiso los caníbales se abstendrían de comerse a sus compañeros de trabajo. Pasaron dos años y todo iba muy bien. Un día, sin embargo, desapareció doña Cotonita, la señora encargada de la limpieza de las oficinas. Nadie dio aviso a la policía, pues se pensaba que alguna de sus corporaciones pudo haber tenido parte en la desaparición pero se llevó a cabo una investigación interna.

Todas las evidencias apuntaron hacia los antropófagos: seguramente uno de ellos se había comido a doña Cotonita. El jefe de los caníbales fue llamado a cuentas y el hombre prometió que si alguien de su grupo era culpable lo entregaría a la justicia mexicana y no pediría la extradición para ponerlo en una cárcel africana, aunque ciertamente las mexicanas eran peores. Reunió, pues, el jefe a los caníbales y con severidad les preguntó si alguno de ellos se había comido a la encargada de la limpieza. Uno de ellos, avergonzado, reconoció su falta. Con todo y ser añosa, dijo, la mujer estaba en buenas carnes y muy limpias, de modo que no pudo resistir la tentación y una tarde se la merendó con acompañamiento de un refresco de ponche tropical. "¡Imbécil! —le gritó furioso el jefe de los antropófagos—. ¡Tenemos dos años de estarnos comiendo todos los días subsecretarios, oficiales mayores, directores, jefes de comunicación social, secretarios particulares, asesores y nadie ha notado su falta! ¡Ahora vienes tú y te comes a la única persona que se necesitaba y cuya ausencia sí se iba a notar!"

UN EXPLORADOR PERDIÓ el rumbo en la selva africana y se encontró de pronto en territorio de antropófagos. Llegó a la aldea de los caníbales y advirtió con sorpresa que había ahí un restorán. El mesero le presentó la carta y el explorador leyó el menú: "Misionero al mojo de ajo: 10 dólares. Cazador a las finas hierbas: 20 dólares. Político en su jugo: 150 dólares". Muy intrigado pregunta el viajero: "¿Por qué los políticos son el platillo más caro?" Responde el camarero: "¡Es que no sabe usted el trabajo que cuesta limpiarlos!"

Sexo

UNA MUJER FUE con el ginecólogo y le pidió que le implantara la T de cobre, un dispositivo intrauterino que sirve para evitar la concepción. Le preguntó el facultativo: "¿Por qué quiere usted llevar ese artefacto?" Replicó ella: "Necesito cuidarme, pues estoy teniendo sexo con el abarrotero, el boticario, el carnicero, el chofer, el director de la escuela, el ebanista, el fotógrafo, el guardia, el heladero, el ingeniero, el joyero, el karateca, el lechero, el mecánico, el notario, el odontólogo, el portero, el quesero, el relojero, el sastre, el taxista, el urólogo, el veterinario, el windsurfista, el xerógrafo, el yerbero y el zapatero". El médico, después de oír esa pormenorizada relación, hecha además en riguroso orden alfabético (¡sólo la eñe se le escapó a la bárbara!), le recomienda a la mujer: "Señora: en vez de ponerse usted la T de cobre póngase la P de -uta y cobre".

UN PETROLERO TEXANO se presentó ante el juez. "Quiero divorciarme de mi mujer —le dijo—, es una adúltera. La sorprendí entregando a otro hombre lo que es de mi propiedad". "Un momento —lo interrumpe el juez—. El cuerpo de su esposa no es de su propiedad. No puede usted considerarlo como si fuera uno de sus terrenos petroleros". "Posiblemente no —replica el texano—, pero en todo caso tengo derechos exclusivos de perforación sobre él".

LA NUEVA CRIADITA de la casa hacía la limpieza de la alcoba y dio con un preservativo. "¿Qué es esto, siñora?" —le preguntó muy intrigada a su patrona al tiempo que tomaba aquella cosa con la punta de los dedos—. La patrona, entre apenada y divertida, respondió: "Pero, Eglogia, ¿qué en tu pueblo no hacen el amor?" "Sí lo hacemos —contesta la muchacha—, pero no hasta despellejarnos".

UNA MUJER DE vida alegre fue atropellada levemente por un automóvil. En el hospital le dijo al médico, angustiada: "¡Doctor, creo que he perdido la vista!" Le pregunta el facultativo poniéndole frente a los ojos la mano con tres dedos alzados: "A ver: ¿cuántos dedos tengo ahí?" "¡Dios mío! —exclama la mujer con aflicción—. ¡También he perdido la sensibilidad!"

AL REGRESAR DE su luna de miel Lubricio fue con un cirujano plástico y le dijo: "Mi esposa, doctor, tiene tres bubis". "Desusado es el número, a fe mía —replicó el facultativo, que cuando hablaba así cobraba más cara la consulta—. ¿Quiere usted que le extirpe una?" "¡De ninguna manera! —se alarmó el visitante—. ¡Lo que quiero es que me implante a mí otra mano!"

AFRODISIO PITONGO, GALÁN diestro en toda suerte de voluptuosidades, casó con Rosilí, muchacha ingenua. La noche de las bodas ella le confesó, nerviosa, que no sabía nada acerca de "eso". "No te preocupes, linda —la sosegó Afrodisio—. Mira: a tu cosita la llamaremos 'La prisión' y mi cosita será 'El prisionero'. Pondré yo mi prisionero en tu prisión y ya verás que todo irá muy bien". Así lo hizo Afrodisio y todo marchó —hay que reconocerlo— más que bien. Acabado el primer trance le dijo Rosilí a su maridito: "Tu prisionero se salió de la prisión, mi amor y quiero tenerlo de regreso en ella". "Espera un poco —respondió Afrodisio— y haré que vuelva a su lugar". En efecto, se cumplió un segundo trance, acabado el cual Rosilí volvió a decirle a Afrodisio: "Otra vez el prisionero está fuera de la prisión, mi vida. Con ansiedad deseo que regrese ya". "Aguarda unos minutos, cielo mío —contestó él— y ya verás que vuelve". Un tercer trance de amor se realizó, a cuyo término la extasiada Rosilí reiteró por vez cuarta su demanda: "El prisionero volvió a salirse de la prisión, amado mío. Lo quiero otra vez en ella". "¡Pero, mi vida! —clamó Afrodisio, exhausto y agotado—. ¡Si no es prisión perpetua!"

BABALUCAS FUE A un lugar de mala nota en donde había muchachas. Le informó a la madama: "Traigo 50 pesos nada más". "¡Uh, amigo! —repuso despreciativa la mujer—, con ese dinero váyase a su casa y satisfágase usted mismo". Una hora después regresa el badulaque y le pregunta a la madama: "¿A quién le pago?"

DON FECUNDINO LE dijo con angustia al médico de la familia: "Doctor, soy padre ya de nueve hijos. ¿Qué debo hacer para matar a la cigüeña?" Responde el galeno: "Dispare en el aire".

☺

Cazadores

EL GUÍA INVITÓ a los cazadores a visitarlo en su cabaña. Sobre la chimenea, junto a varios trofeos y fotografías de caza, estaba un rifle de dos cañones, imponente. "Es mi arma favorita —explica el guía con orgullo—. Con él cacé 15 alces, 9 osos, 30 o 40 venados, 20 pumas y 4 yernos".

EL AUDAZ CAZADOR mostraba sus trofeos. "Este oso Kodiak —dice a sus invitados— lo cacé en Alaska... Esta gacela de Grant la cacé en África... Este tigre de Bengala lo cacé en la India..." Luego, ante el asombro general, muestra el cuerpo disecado de un hombre que tenía en el rostro una expresión de espanto. Explica: "Y a éste lo cacé en el clóset de mi mujer".

CASÓ UN GRANJERO viejo con una zagala en flor de edad. Al poco tiempo de celebrada aquella boda desigual el granjero le confía sus penas a un amigo. "En las noches estoy ya muy cansado para cumplir el conyugal deber. Y cuando en el curso del día me llega el impulso de cumplirlo ando en el campo, lejos de la casa. Me apresuro a ir allá, pero cuando llego el impulso ya se me abatió". "Haz esto—le recomienda el otro—. Lleva contigo tu escopeta. Cuando te acometa el natural instinto dispara el arma. Dile a tu esposa que al oír el tiro acuda a ti inmediatamente. Ella es joven; puede correr aprisa y llegará a tu lado cuando todavía te encuentres en aptitud de hacer honor a la condición de amante esposo". Prometió el granjero seguir aquel consejo. Pocos días después le preguntó su amigo si había funcionado el método. "Los primeros días sí —dice el granjero—. Disparaba yo la escopeta y llegaba corriendo mi mujer. Pero luego empezó la temporada de caza y ahora casi no la veo".

EL CAZADOR DEL Canadá bebía tristemente en la cantina del pueblo en la montaña. "Me dicen que mi mujer me engaña con un esquimal —le cuenta al cantinero—. Cada vez que llego la encuentro muy nerviosa, corro y abro el clóset, pero nunca hallo a nadie". "Estás buscando mal —le dice el cantinero—. Esos se esconden en el refrigerador".

HUBERT HUNTER, CAZADOR como su nombre y apellido lo proclaman, salió a la cacería del oso en los espesos bosques de Montana. Oyó decir que por las cercanías del lago Fergus, al oeste de Lewistown, merodeaba un oso gigantesco, el más grande y temible de que había memoria. Tenía asolados los contornos aquel enorme grizzly: perros, caballos y reses sucumbieron a su ataque, lo mismo que las grandes criaturas de la foresta, como ciervos, alces y hasta el *moose*. El lobo cruel y el puma astuto conocieron igualmente su fiereza. Aquel oso era el espanto de gambusinos, cazadores y tramperos. Decidido a acabar con el terrible animal fue Hubert en su busca. Llevaba un rifle Winchester 54, calibre 30-06. Apenas se internó en el bosque cuando avistó al plantígrado. Nervioso, apuntó el cazador y disparó. ¡Horror! ¡Falló el tiro! Sucedió entonces algo inverosímil, nunca antes registrado en los anales de la cacería: el oso se precipitó hacia Hubert, le arrebató el rifle y apuntándole con él lo obligó, por señas, a bajarse el pantalón y lo demás. Luego — me resisto a contarlo, pero la ética profesional me obliga hacer la narración cabal de este suceso— le introdujo el cañón del arma en parte tal que dejó al pobre Hunter al mismo tiempo dolorido, humillado y ofendido. Juró vengarse el cazador de aquella afrenta. Una semana después regresó con un rifle más potente. Era un 375 Magnum. Buscó al oso y dio por fin con él. Se acercó cauteloso y alzó el rifle para dispararle. Antes de que pudiera hacerlo el oso lo atacó otra vez, le quitó el rifle e hizo con él lo mismo de la vez pasada. Mohíno regresó a su casa el lacerado Hubert. La siguiente semana volvió de nuevo. Llevaba ahora un tremendo 416, tipo Mauser, capaz de dar cuenta de los más grandes animales. Vio al oso a distancia de acertarle y, usando mampuesto para mayor certeza, le envió un tiro. No le atinó, por desgracia. El oso, enfurecido, se lanzó de nuevo hacia él e hizo lo que antes había hecho: le guardó el rifle a Hubert —o por lo menos algo de él— en parte que no es almacén de armas. No por eso se dio por vencido el cazador. Regresó una semana después. En esta ocasión llevaba un rifle calibre 450, número 2, de Holland. Volvió a pasar lo mismo: disparó, falló el tiro y el oso lo castigó poniéndole el rifle donde antes relaté. A estas alturas la ira y rencor de Hubert Hunter eran ya descomunales. Regresó al bosque para cobrar venganza del salvaje animal. Llevaba ahora dos rifles: un 470, tipo Express, de la casa Rigby & Son, de Londres y un formidable 577, de Holland and Holland, que tiene dos cañones y dispara una bala de 700 granos de peso. Es casi una pieza de artillería ligera esta famosa arma. Con tan potentes rifles se adentró en el bosque. Durante varias horas buscó al oso sin hallarlo. Subió a un montecillo y poniéndose la mano a modo de visera oteó el paisaje. En eso sintió que alguien lo tocaba en el hombro. Se volvió: tras él estaba el enorme plantígrado, erguido sobre sus patas posteriores. Le quitó al cazador los dos rifles y, para su gran sorpresa, le habló. "Seamos sinceros —le dice el oso a Hubert—. Ya no vienes por el interés de la cacería ¿verdad?"

LORD HIGHRUMP NARRABA en el club las incidencias de su reciente safari en Tanganica, África. Dice con dramático acento: "Mi instinto de cazador me hizo presentir la presencia del león. Con el cañón de mi Magnum aparté la maleza y, en efecto: ahí estaba la fiera. Entonces el león hizo '¡Ptrrrrr!'" "Milord —lo interrumpe uno de los oyentes—. Con el debido respeto quiero recordarle que los leones no hacen '¡Ptrrrrr!' Hacen '¡Grrrrr!'" Contesta imperturbable lord Highrump: "Éste estaba de espaldas".

LLEGÓ LORD FEEBLEDICK de la cacería de la zorra y encontró a su mujer, lady Loosebloomers, en apretado abrazo de concupiscencia con el toroso mancebo Wellhan Ged, guardabosque de la finca. "*Bloody Phoebus*! —exclamó lord Feebledick, cuyos juramentos provenían tanto de Eton como de sus campañas en la India—. ¿Para esto te pago, mentecato?" "No, señor —responde el robusto escocés cubriéndose las partes pudendas con un cuadro al pastel que apresuradamente descolgó de la pared, cuyo nombre era *Juegos acuáticos en el Támesis con motivo del matrimonio de su alteza real el duque de Devonshire con la princesa Guinivere, llamada Boobs por los soldados de su majestad*—. "No señor —replica Wellhan Ged cuando su patrón le preguntó si le pagaba por fornicar con su señora—. Eso lo hago en mis tiempos libres".

TERMINADA LA CACERÍA de la zorra llegó lord Feebledick a su casa y encontró a su mujer, lady Loosebloomers, en los membrudos brazos de Wellh Ung, el toroso mancebo encargado de la cría de faisanes. "*Bloody be*! —exclamó lord Feebledick, que conservaba los modos de jurar aprendidos en las campañas de Calcuta—. ¡Y además con un plebeyo!" "No del todo, milord —lo corrigió Wellh Ung—. Mi bisabuela fue hija natural del palafrenero del caballerango del montero del Canciller del Reino. Como usted verá, señor, no estoy aquí sin títulos. *Honni soit qui mal y pense*". "¡Calla, menguado! —profirió el esposo—. Eso en todo caso te daría derecho a unos cuantos tocamientos, mas no a la acción total. Te retendré la paga de este día. ¡Y tú, mesalina...!" "Gwangolyne —acotó lady Loosebloomers—. Mi nombre es Gwangolyne. Ni siquiera la exaltación propia del momento justifica el olvido de mi nombre. ¿De nada han servido veinte años de matrimonio?" Replica con enojo Feebledick: "¡No me interrumpas, que luego se me va la idea! Por respeto a los lazos que nos unen maté en mí al dragón de la lujuria. ¿Y tú distraes así a la servidumbre de sus obligaciones?" "En primer lugar —razona la señora—, ese dragón que dices no lo mataste tú: murió de muerte natural, por causa de la edad. En segundo, hoy es el día libre de este joven. No le podemos decir lo que puede o no puede hacer en sus descansos". Responde el marido: "De cualquier modo su conducta me parece inconveniente. Hablaré con el mayordomo a fin de que lo reprenda con severidad". "Está bien, milord —dice Wellh Ung—. ¿Puedo volver a lo que estaba haciendo?" "¡De ninguna manera, insolente! —se exalta Feebledick—. Y menos ahora, que estamos en temporada de incubación. No debes gastar tus fuerzas en otra actividad. Ve a la taberna o a donde sea que acostumbres ir en tus asuetos. ¡Y no creas que las cosas van a quedar así!" "Ya sé que no, señor —acepta el mocetón—.

Milady me pide siempre que cuando acabemos vuelva a tender la cama. Y lo hago gustosamente, aunque eso no me corresponde: es tarea de la doncella". "Reconozco esa muestra de buena voluntad —dice de mala gana lord Feebledick—. Pero no basta para disipar tu culpa. Repórtate mañana mismo con el mayordomo. Y en adelante no quiero verte por aquí". Le pregunta Wellh Ung a lady Loosebloomers: "¿Entonces dónde nos veremos la próxima vez, Bloomie?" "Ya se te avisará oportunamente —se adelanta a responder lord Feebledick—. Y ahora, retírate". Toma en montón sus ropas el mancebo y sale del aposento, no sin antes volverse para hacer una reverencia a sus patrones. Todo podía olvidar aquel muchacho, menos el protocolo. A solas ya con su mujer dice lord Feebledick: "*By Jove*! ¡Cómo se han perdido las buenas costumbres entre la juventud!" Replica ella: "Es de los muchos males que nos han venido con el socialismo. Antes el adulterio era exclusivo de las clases nobles. Ahora ya cualquiera se siente con derecho a practicarlo. Quién sabe hasta dónde iremos a parar". La amonesta con suavidad lord Feebledick: "También a ti te toca algo de culpa, mujer. Siempre te he dicho que tratas con demasiada familiaridad al personal. En este caso quizá fuiste un poco lejos". "Tienes razón —reconoce milady—. Me dejé llevar por esa famosa democracia que predica *mister* Churchill. En adelante me constreñiré algo". "Mejor constriñe todo" —sugiere Feebledick—. Y así diciendo fue a tomar su reconfortante baño de agua tibia.

Un excursionista se perdió en el bosque. Después de buscar inútilmente el camino fue a dar a una pequeña cabaña donde vivía un cazador que tenía cuatro hijas. Le dice el cazador: "Aunque sólo disponemos de un cuarto podrá usted pasar la noche con nosotros. Pero no se quiera pasar de listo con alguna de mis hijas, porque para eso tengo mi escopeta". Y le mostró el arma, puesta a un lado de la cama al alcance de su mano. Apenas se durmió el cazador, la hija mayor llegó en silencio al lecho donde estaba el visitante. "Por favor —profiere él angustiado—. ¡La escopeta!" "Está descargada" —le dice la muchacha—. Y procedió a demostrar su loca pasión al forastero. Se retiró la chica y no pasó mucho tiempo cuando la segunda hija del cazador se llegó al excursionista. "¡La escopeta!" —volvió a decir él en voz baja, lleno de preocupación—. "Está descargada" —dijo igualmente la muchacha—. Y nueva demostración de amor. Llegó la tercera hija. "¡La escopeta!" —gimió el muchacho—. "Está descargada" —volvió a decir la otra—. Y abrazó amorosamente al excursionista. Se fue y llegó la cuarta hija. "¡La escopeta!" —exclamó con apuro el viajero. "Está descargada" —repitió la muchacha—. Y dice entonces con voz desfallecida el visitante: "¡La mía también!"

∵

Cielo

DOS TIPOS MURIERON al mismo tiempo y juntos llegaron a las puertas del cielo. " Podrán entrar —les dijo san Pedro dando a cada uno un par de alas—. Pero debo advertirles que al primer pensamiento impuro que tengan se les caerán las alas y tendrán que salir del cielo". Iban los dos muy orgullosos con sus alas cuando pasa una rubia estupenda. Uno de ellos siguió como si nada. Al otro ¡plaf!, se le cayeron las alas. "Te felicito —dice san Pedro al que había conservado sus alas—. Resististe la tentación". Y luego, volviéndose al otro, le dice: "Recoge tus alas y márchate". Se agacha el otro a recoger las alas. El que las había conservado se le queda viendo mientras se agachaba y ¡plaf!, se le caen las alas también.

SAN PEDRO Y Belcebú entraron en un pleito por ciertas cuestiones de límites. "No vamos a pelear —le dice el portero celestial al príncipe de los infiernos—. Ese pedazo de terreno que está en disputa te lo juego en un partido de beisbol". El demonio aceptó el desafío. San Pedro, astutamente, sonrió para sus adentros: en el Cielo tenía a Babe Ruth, a Lou Gherig, a Ty Cobb, a todos los inmortales del beisbol. Se llevó a cabo el juego y para sorpresa y desolación de san Pedro el equipo del Cielo fue derrotado. "No me lo explico —le dijo, consternado, san Pedro al Señor—. Yo tenía a Babe Ruth y a todos los demás". "Es cierto —responde el Señor—. Pero se te olvidó que en el infierno están todos los ampáyeres".

CUANDO MURIÓ HENRY Ford, llegó al Cielo. "¿No eres tú el inventor del automóvil?" —le pregunta san Pedro—. "En efecto —responde Ford—. Yo soy". "Pasa —dice el portero celestial—. Puedes entrar al Cielo. Te llevaré al lugar donde están los inventores". San Pedro guía a Henry Ford por las diversas salas del paraíso, hasta llegar al sitio reservado para los inventores. "Aquel —dice san Pedro—, es Franklin, que inventó el pararrayos; el otro es Marconi, el del telégrafo; allá está Edison, que inventó el fonógrafo; el otro es Graham Bell, el del teléfono". "¿Y aquél que se ve allá?" —pregunta Ford—. "Ése es Adán" —dice San Pedro—. "¿Y Adán qué inventó?" —pregunta muy intrigado Ford—. "¿Te parece poco? —dice san Pedro—. Inventó a la mujer". "Por favor —pide Ford—. Me gustaría hablar con él acerca de su invento". San Pedro lleva a Ford al primer hombre. "Yo inventé el automóvil y me dicen que tú inventaste a la mujer. Me gustaría hacerle algunas críticas a tu invento porque creo que no es tan bueno como el mío". "¿Cuáles son esas críticas?" —pregunta Adán—. "En primer lugar —dice Ford— mi invento viene en varios modelos que cambian cada año. El tuyo siempre viene igual. Mi invento viene en todos los colores; el tuyo en unos cuantos. Para mi invento hay todo tipo de refacciones; para el tuyo no". "Mira —dice Adán a Ford ya muy molesto—. Puedes criticar todo lo que quieras. Pero una cosa sí te digo: más gente se ha subido a mi invento que al tuyo".

UNA MUJER Y un hombre que se habían amado cuando jóvenes, pero cuyo amor no cristalizó por cosas de la vida, murieron casi al mismo tiempo. Se encontraron en el Cielo y felices por verse reunidos decidieron hacer lo que en la Tierra no pudieron: casarse. Fueron entonces con san Pedro y le comunicaron su intención. El celestial portero declaró: "Si quieren casarse deberán esperar 100 años". Pasó ese tiempo y los enamorados regresaron. "Deberán esperar otros 100 años" —les dijo el apóstol—. Transcurrió el siglo y de nuevo volvieron con san Pedro el hombre y la mujer. "Ahora sí pueden casarse" —les dice—. Llamó a un cura y éste ofició la boda. Al terminar la ceremonia pregunta tímidamente ella: "san Pedro: si algún día decidimos divorciarnos, ¿podremos hacerlo?" El apóstol se estiró los escasos cabellos que le quedaban y exclamó con desesperación: "¡Dios mío! Tuve que esperar 200 años a que llegara un cura al Cielo para poder casarlos. ¡Y ahora me están pidiendo un abogado!"

PASARON A MEJOR vida al mismo tiempo un predicador y un chofer de autobús de pasajeros. Para sorpresa del predicador, san Pedro hace que el chofer entre al Cielo de inmediato. "¿Qué es esto? —pregunta el predicador—. Yo me pasé la vida hablando del Señor y me detienes. En cambio a ese hombre, que siempre estuvo de mal humor, que maldecía y trataba mal a sus pasajeros, lo introduces de inmediato en el Paraíso". Le explica san Pedro: "Es que cuando tú pronunciabas tus sermones todos se dormían; pero cuando este hombre manejaba rezaban todos".

MURIÓ VIRTUDIO, EL hombre más bueno del condado. En su vida había cometido un pecado, de modo que llegó directamente a las puertas del Paraíso. San Pedro, el portero celestial, revisa su expediente y le dice luego al tiempo que se rascaba la cabeza: "Caray, Virtudio. Veo en tu ficha que no cometiste jamás ningún pecado. Si te dejo entrar muchos de los que están aquí sentirán celos de tu perfección. Vamos a hacer una cosa: te concedo seis horas de vida más sobre la Tierra. Ve allá y comete algún pecado. Así ya no serás perfecto y no provocarás celos aquí". Regresó, pues, Virtudio a su pueblo. Recordó que la esposa del vecino le hacía ojitos, así que fue a su casa. La mujer lo admitió inmediatamente, pues su marido andaba de viaje. Lo condujo a la recámara y por primera vez en su vida conoció Virtudio los deliquios del arrebato pasional. En eso se le pasaron las mejores seis horas de su vida. Terminado el plazo Virtudio saca la cabeza por la ventana y llama en dirección al Cielo: "¡San Pedro! Dame otras seis horitas. Hay que asegurarnos bien de que nadie vaya a sentir celos de mí".

SAN PEDRO REUNIÓ a todas las señoras recién llegada al más allá. Les dice: "Las que en vida engañaron a sus maridos, de pensamiento o de obra, den un paso al frente". Todas dieron el paso, menos una. Les anuncia san Pedro con severidad: "Irán al purgatorio a expiar su culpa. Y tú, esposa fiel, entra en el Cielo". Interviene en eso el ángel de la guarda de la fiel esposa. Le sugiere al portero celestial: "Díselo por señas, Pedro. La pobre es completamente sorda".

MURIÓ MS. WINDBAG Jones y lo primero que hizo al llegar al más allá fue buscar a su marido, que se le había adelantado varios años en el camino que no tiene retorno, al menos hasta donde se sabe. Lo buscó primero en el infierno, pero no estaba ahí. Encaminó sus pasos la señora al Cielo y fue recibida por san Pedro. Le preguntó Ms. Windbag si ahí estaba su esposo. "¿Cómo se llama?" —preguntó el apóstol al tiempo que tomaba su libro de registros—. "Joe" —responde la señora.... "Aquí hay miles de Joes —le indica el portero celestial—. Dime el apellido". "Jones" —contesta la mujer. "También hay Jones por millares —replica el de las llaves—. ¿Tiene alguna seña particular?" "Ninguna —replica Ms. Windbag—. Era un hombre de todos los días". "Pues tienes mucha suerte —comenta san Pedro—. Aquí nos llegan mujeres que tuvieron hombres de una vez al año, de una vez al mes, de una vez a la semana y hasta de dos o tres veces por semana, pero tú eres la primera que tuvo un hombre de todos los días. Te felicito. Volvamos, sin embargo, a lo nuestro. Si tu marido no tiene ninguna seña particular será difícil encontrarlo. ¿Puedes darme alguna otra pista?" "Bueno —vacila ella—. Poco antes de morir me dijo que se daría una vuelta en su tumba cada vez que yo lo hubiera engañado". "¡Ah, sí!" —exclama san Pedro—. Llama a un ángel y le ordena: "Dile al Trompo Jones que aquí lo busca su mujer".

DOS INDIVIDUOS SE encontraron en el más allá. "¿Cómo llegaste aquí?" —pregunta uno—. Relata el otro: "Entré en mi casa con la seguridad de que mi esposa estaba con otro hombre. Ella escapó y yo me puse a buscar a su amante en los closets, abajo de las camas, en todas partes, pero no lo hallé. Mi búsqueda fue tan frenética que me dio un ataque al corazón y me morí". "¡Carajo! —exclama el otro—. ¡Si hubieras buscado en el congelador ahorita los dos estaríamos vivos!"

UN HOMBRE IBA a hacer un viaje en avión. Al subir por la escalerilla oyó una voz tras sí que le decía: "No subas a ese avión". Volvió la vista el hombre por ver quién le hablaba. A nadie vio. Siguió subiendo, pues. "¡No subas a ese avión!" —se escuchó de nuevo la voz, más perentoria—. El hombre, impresionado, volvió sobre sus pasos y no tomó el vuelo. De regreso a su casa oyó en el radio del automóvil la noticia: el avión se había estrellado al despegar; cero sobrevivientes. Como debía hacer el viaje el hombre fue a la estación del tren al día siguiente. Cuando se disponía a subir a su vagón oyó otra vez la voz: "No subas a ese tren". Todavía con la impresión del suceso de la víspera el hombre obedeció esta vez sin vacilar y regresó su casa. Por la tarde leyó la noticia en un vespertino: el tren había descarrilado; todos los pasajeros perecieron. Pasó una semana; el hombre ya no podía postergar su viaje. Se decidió a hacerlo en autobús. Cuando subía al vehículo, otra vez la voz, ahora más imperativa: "¡No subas a ese autobús!" Se alejó el individuo con premura y fue a su casa. En las noticias de la noche, por la televisión, la funesta noticia nuevamente: el autobús había volcado; ninguno de los que iban en él quedó con vida. Salió al jardín el hombre, presa de angustia y desesperación y gritó al cielo: "¿Quién eres tú, oh voz, que así me llamas?" Se oyó la voz, solemne, majestuosa: "Soy tu ángel guardián. El Señor me puso junto a ti para salvarte de todas las desgracias". "¡Grandísimo caborón! —clamó con furia el hombre al escuchar aquello—. ¡¿Y entonces dónde chingaos estabas el día que me casé?!"

JOCK MCCOCK, ESCOCÉS, era hombre de muchas faldas, lo cual en Escocia equivale a serlo de muchos pantalones. Se preciaba de ateo y en la taberna de su pueblo hacía burla de sus amigos que iban a la iglesia los domingos: él se iba a pescar a Loch Ness. Un día le salió Nessie, el espantable pez dragón que según la leyenda vive en ese lago y Jock se vio en las fauces del gigantesco monstruo. "¡Dios mío, sálvame! —clamó lleno de angustia—. Se oyó una voz majestuosa venida de lo alto: "¿No decías que no crees en Mí?" "¡No jodas, Señor! —replica Jock desesperado—. ¡Hace un minuto tampoco creía que existiera el monstruo de Loch Ness!"

Compadres

DOS COMPADRES FUERON de pesca. La primera noche se bebieron algunas copas al amor de la fogata del campamento. Uno de ellos se veía meditabundo y cabizbajo, como lleno de preocupación. "¿Qué le pasa, compadre? —le pregunta el otro con cariñosa solicitud—. Lo veo muy pensativo". "Le diré la verdad, compadre —responde el tipo con voz llena de aflicción—. Usted no conoce bien a su comadre, mi señora. La verdad, no le tengo mucha confianza y me da miedo que en mi ausencia esté haciendo el amor con otro hombre. Quisiera regresar a mi casa mañana mismo". "¡Ande, compadre, no se preocupe! —lo tranquiliza el otro—. ¿Con quién podría estar haciendo el amor mi comadre? Tanto usted como yo estamos acá".

EL TIPO AQUEL va por la calle acompañado de una negra despampanante. Una señora lo detiene y le dice con tono de reproche: "¿Cómo le va, compadre? Desde que mi comadre murió no lo había visto". "Pues aquí me ve, comadre —responde el tipo tomando por la cintura a la negra—. Todavía de luto".

DON LEOVIGILDO TENÍA un compadre guapo y bien plantado. Era un adonis el compadre: de estatura procerosa, mostraba músculos de atleta. A su lado el *David* de Miguel Ángel parecía aquel alfeñique de 44 kilos que Charles Atlas fue antes de hacer sus ejercicios de tensión dinámica. Cierto día don Leovigildo vio, azorado, que su esposa iba con el compadre en el convertible de éste, un Lamborghini rojo. Los siguió y los vio entrar en el Motel Kamagua, lugar de encuentros furtivos para amantes. Ocupó la pareja un cuarto con *jacuzzi* y por una rendija en la ventana don Leovigildo pudo ver cómo el compadre se desvestía y dejaba al descubierto sus perfecciones de varón; la armonía de sus cuidadas proporciones; la firmeza de su musculatura. La señora también empezó a quitarse la ropa y al hacerlo ofreció a la vista todas las variedades de celulitis que hay y sus bubis caídas, igual que lirios desmayados, hasta la cintura. "¡Caramba! —pensó don Leovigildo, consternado—. Tendré que disculparme después con el compadre. ¡No estamos a su altura!"

UN MAJADERO SUJETO, por lucirse, le espetó un piropo de subido color a una comadre suya que estaba embarazada: "Comadre —le dijo con procaz sonrisa—. Me gusta mucho el cuarto que tiene. Cuando se desocupe, ¿me lo puede alquilar?" "Claro que sí, compadre —responde la señora de buen grado—. Le voy a decir a mi marido que le ponga la llave en la mano".

EL SEÑOR VA al súper en compañía de su hijito. "¿Por qué agarras tanto ese pollo?" —pregunta el pequeñín—. "Es para ver si tiene buena carne y comprarlo" —responde el señor—. "¿Entonces tu compadre va a comprar a mi mamá?" —pregunta el niño con preocupación—.

LOS DOS SEÑORES ya maduros contemplaban con tristeza el paso de las guapas muchachas que vestían audaces atavíos y caminaban con descaro. "Mire nomás, compadre —comenta uno con tristeza—. Las mujeres en plena revolución sexual y nosotros ya sin armas".

UN MAJADERO INDIVIDUO le dice a su compadre: "Le voy a hacer una pregunta. ¿Usted daría la honra por mil pesos?" "¿Qué le pasa, compadre? ¡Está usted loco!" "Muy bien. ¿Daría usted la honra por 100 mil pesos?" "Compadre, ya cállese. Me está ofendiendo usted". "No se enoje. Le haré en otra forma la pregunta: ¿daría usted la honra por 500 mil pesos?" "Compadre, ya no le siga. Va usted a hacer que me ponga nervioso". "Está bien. Acabemos. ¿Daría usted la honra por un millón de pesos?" "Caramba, compadre —vacila entonces el interrogado—. No sé qué va a pensar usted de mí, pero le responderé con franqueza. Las cosas se me han puesto tan difíciles que por un millón de pesos sí entregaría la honra". Declara entonces el compadre: "Eso demuestra una teoría que tengo". "¿Cuál es esa teoría?" —inquiere el otro. Responde el compadre: "Gays sobran. Lo que falta son inversionistas".

DON CORNULIO LLEGÓ a su casa y encontró llorando a su hijo más pequeño. "¡Veco! ¡Veco!" —decía el chamaquito al tiempo que señalaba lleno de miedo el clóset. Lo abre don Cornulio y ahí estaba su compadre Pitoncio. "Ay, compadre —le dice don Cornulio muy mortificado—. ¿No tiene nada mejor qué hacer que quitarse la ropa y esconderse en el clóset para asustar al niño?"

MURIÓ AQUEL POBRE señor. Pocos días después de su sepelio un compadre del difunto visitó en su casa a la viudita. La pena de la joven mujer era muy grande, tanto que se abrazó al compadre buscando en él consuelo. De aquel estrecho abrazó surgió una llama de deseo que movió a la señora a pedirle a su compadre que regresara la siguiente noche a consolara más. Sucedió lo que tenía que suceder: pronto se encontraron los dos en el urente trance de la coición. Él procedió a ponerse un condón. Lo mira la señora y luego le dice al hombre con reproche: "¡Qué falta de respeto para la memoria de tu compadre! ¿Qué no pudiste conseguir uno en color negro?"

DON CORNILIO LLEGÓ a su casa en las horas más altas de la madrugada. Lo acompañaba su compadre Empédocles, cultivador de báquicas inclinaciones. Los dos iban más ebrios que una cuba. Facilisa, la esposa de Cornilio, recíbelos con áspera acrimonia. "¡Cornilio! —profiere furibunda—. ¡Mira nomás a qué horas vienes y en qué estado! ¡Para que se te quite no me voy a acostar contigo en dos semanas!" Luego se vuelve hacia Empédocles y le espeta: "¡Y con usted tampoco, compadre, para que no ande de sonsacador!"

UN HOMBRE ERA operario de una fábrica y llevó a su compadre a trabajar ahí. El primer día de labores lo instruyó sobre los procedimientos de la fábrica: había que pedir permiso para obtener en el almacén lo necesario para la producción. Le dice: "Vamos a pedir un permiso para tornillos". Poco después: "Vamos a pedir un permiso para tuercas". Y así. Al recién llegado le parecía que aquello de tener que pedir a cada paso todos esos permisos era algo innecesario y engorroso. Llegó la hora de la comida. Después de dar buena cuenta de sus respectivos lonches dice el operario: "Ahora, compadre, vamos a pedir un permiso para pernos". "¡Oiga no, compadre!" —estalla el otro—. ¡Si hasta para eso hay que pedir permiso yo mejor me voy!"

UN INDIVIDUO BUSCÓ a su compadre y le dijo muy atribulado: "Compadre: me llegó un recado anónimo donde alguien me informa que mi mujer va por las tardes a un *table dance* y que baila desnuda sobre la mesa que más aplauda. En el papel viene el nombre del establecimiento. Le pido que me acompañe a ver si es cierto eso". El compadre aceptó de buen grado la singular invitación y juntos fueron los dos al *table dance*. Apareció una mujer vestida con un atuendo exótico de encajes, boa, sombrero de plumas y guantes largos de terciopelo negro. Se cubría el rostro con un antifaz. Rompe a tocar la música y la mujer empieza a bailar con movimientos voluptuosos. Se quita el sombrero y lo avienta; se quita la boa y la arroja también; se despoja de los guantes y los lanza a la concurrencia. "¡Compadre! —clama el marido con desesperación—. ¡No sé si esa mujer es mi esposa! ¡El antifaz me impide verle el rostro!" "Cálmese, compadre —le aconseja el otro—. Al rato que se quite la ropa los dos la vamos a reconocer".

DON POSEIDÓN, PAPÁ de Dulcilí, le dijo a su hija: "Mi compadre Armodio me pidió tu mano para su hijo Leovigildo. Creo que es tiempo ya de que te cases, de modo que di una respuesta afirmativa a su solicitud. Estoy seguro de que serás feliz con ese muchacho". "Pero, padre —se atreve a responder la ingenua chica—. ¡No quiero dejar a mi mamá!" "Hija —responde solemnemente don Poseidón—. Por ningún motivo quiero interponerme en el camino de tu felicidad. Llévatela contigo".

LLEGÓ EL SEÑOR de un viaje cuando aún no se le esperaba. Le dice a su mujer: "Supe que mi compadre Pitoncio estaba enfermo. ¿Cómo se encuentra?" El pequeño hijo del matrimonio —¡inocente criatura!— se adelantó a contestar: "Se encuentra muy fácilmente, papi —le dice—. Nada más abre el clóset de la recámara".

DOÑA JODONCIA, LA tremenda esposa de don Martiriano, lo abandonó por otro hombre. Le comenta don Martiriano a un compadre: "Me dejó mi mujer para irse con mi mejor amigo". "¡Oye! —protesta con sentimiento el otro—. ¡Siempre creí que tu mejor amigo era yo!" "Lo eras, en efecto —responde don Martiriano—. Ahora tienes el segundo lugar".

LE CUENTA UN compadre a otro: "No puedo acostarme con mi esposa. Tiene una enfermedad contagiosa en los oídos. Si me acerco a ella corro el peligro de quedarme sordo". Dice el otro: "Hábleme fuerte por favor, compadre, que no lo escucho bien".

Criados

LORD FEEBLEDICK TENÍA sospechas muy fundadas acerca de la fidelidad de su mujer, lady Loosebloomers. Le dice a su valet: "Apostaría cualquier cosa, Wellh Ung, a que mi esposa y usted tienen un relación de carácter erótico sensual". "De ninguna manera, milord" —responde el servidor—. Pregunta lord Feebledick: "¿No tienen ninguna relación de carácter erótico sensual?" "No, milord —aclara el tal Wellh Ung—. Quiero decir que de ninguna manera acepto la apuesta, pues sé que la voy a perder".

LORD PANSY DIJO en la recámara: "Quítate el vestido". Siguió luego: "Quítate las medias". Prosiguió: "Quítate el brasier". "Continuó: "Quítate la pantaleta". Y remató: "Y si te sorprendo otra vez usando mi ropa, James, vas a dejar de ser mi mayordomo".

LA MAÑANA ERA clara; radiante el sol; sin nube estaba el cielo. Nada había que hiciera presentir al joven Trickyprick, el preceptor de los hijos de sir Pansy, lo que ese día le iba a suceder. Se hallaba con los niños en el salón de estar, repasándoles por enésima vez la primera declinación latina, el *rosa-rosae*, cuando fue avisado por James, el mayordomo, de que el amo lo quería ver. Tembló el maestro al oír aquello: jamás veía a sir Pansy; apenas el día que lady Guinivere, su esposa, lo presentó con él en su primer día de trabajo, se dignó el alto lord hacerle un leve movimiento de cabeza, el mismo que hacía al toparse con el caballerango. ¿Por qué quería ahora hablar con él? Sintió un escalofrío. De seguro se había enterado de lo que había hecho y lo iba a despedir. ¿Qué iba a ser de él si perdía aquella colocación tan ventajosa? ¿Cómo podría mantener a su anciana madre enferma y a su hermana, que ninguna esperanza tenía de casarse por falta de dote y también porque era más fea que un bacalao? Con vacilante paso se dirigió el preceptor al despacho donde milord atendía sus asuntos en el tiempo que le dejaban libre la cacería y el cuidado de sus vastas propiedades. Cuando se vio ante él le hizo una desmañada reverencia que no advirtió siquiera el señor, ocupado como estaba en firmar unos papeles. Alzó por fin la vista, y sin preámbulos le dijo: "He sabido que tuvo usted trato fornicario con Laurelee, la joven mucama de la casa y que a consecuencia de tales escarceos ella quedó preñada". Avergonzado, bajó la cabeza Trickyprick. "Así es, señor —dijo con voz que casi no se oyó—. *Mea culpa*". "Y he sabido también —siguió sir Pansy—. que sostiene usted culpables relaciones de adulterio con Marguette, la esposa del cocinero francés". "Es cierto, milord —balbuceó el preceptor—. *'L'amour et la toux ne se peuvent éviter'*. El amor y la tos no se pueden evitar". "No acaba ahí el asunto —continuó, ceñudo, el lord—. Me enteré de que los jueves, después de los rezos de la noche y cuando todos duermen ya, penetra usted furtivamente en la alcoba de miss Loogan, el ama de llaves". "Tampoco lo negaré, señor —admitió el preceptor, que a cada acusación se hacía más pequeño en su bochorno—. *'The devil sits behind the cross'*. El diablo está sentado tras la cruz. Perdone usted la cita". "Ésa se la podría perdonar —replicó sir Pansy con severidad—. Imperdonables son, empero, las que tiene usted en la pérgola de las estatuas con la *signora* Bracarotta, la rica amiga italiana de mi esposa". "Señor —acotó humildemente el preceptor—. *'Amor non mira linaggio, / nè fede, nè vassallaggio'*. El amor no mira linaje, ni lealtad, ni vasallaje". "No más citas" —se impacientó lord Pansy—. Se atrevió a preguntar el preceptor: "¿De cultura general, o con la *signora* Bracarotta?" "A los dos casos se aplica mi mandato" —respondió milord. Y prosiguió: "Lo peor de todo es esto: sé sin lugar a dudas que aprovecha usted mis salidas de la finca para refocilarse culpablemente con mi esposa". "Señor..." —empezó a decir Trickyprick agobiado por la vergüenza—. "¡Basta! —con ruda voz le impuso silencio el alto lord—. Por propia confesión admite usted haber tenido relaciones eróticas con la mucama, la esposa del cocinero, el ama de llaves, la rica amiga italiana de mi mujer y aun con mi esposa. ¿No es así?" "En efecto, señor —respondió, tembloroso, el preceptor—. Lo reconozco". Le dice entonces lord Pansy, dulcificando el tono de la voz: "Y para tu señor ¿no tienes nada?"

YA CONOCEMOS A lady Loosebloomers. Formada en la antigua tradición expresada en el mote *Noblesse oblige*, sabía que la nobleza obliga a quien la tiene a comportarse noblemente. Así, jamás le negaba un vaso de agua a un caminante con sed. Por eso recibió en su lecho a Pricky Prick, el pecoso y pelirrojo adolescente encargado de la limpieza de las cuadras. El pobre muchacho andaba de continuo en evidente estado de tumefacción por causa del impulso erótico que llega con la adolescencia y milady sintió temor de que la salud del chico se arruinara por entregarse a indebidas satisfacciones personales cuya maldad fue demostrada por el doctor Kellog, inventor de las hojuelas de maíz y de la mantequilla de maní. Por ese caritativo impulso, no por mala conducta o por ceder a la sensualidad, lady Loosebloomers aprovechó la ausencia de su maduro esposo, lord Feebledick, para arrastrar a su alcoba al asustado efebo. Con él estaba, enseñándole el sutil arte del *foreplay*, cuando intempestivamente el marido apareció en la alcoba. ¿Por qué algunas personas tienen el don de la inoportunidad? "¿Qué es esto?" —preguntó lord Feebledick tratando de contener la tentación de la ira, herencia de sus antepasados irlandeses—. "No digas que no sabes lo que es —le respondió lady Loosebloomers—. ¿De nada te sirvió entonces tu estancia en el ejército?" "Donde obtuve medalla de primer grado" —acotó Feebledick con dignidad. "Milord..." —intentó hablar el mozalbete, cuya tumefacción había desaparecido por primera vez en cuatro meses a causa de la impresión que le causó la llegada del esposo—. "Muchacho —lo interrumpió con severidad lady Loosebloomers—. En esta casa los sirvientes sólo hablan cuando sus amos les preguntan algo. Lujuria sí, jovencito; faltas de educación no". "Déjalo que hable, mujer —intervino lord Feebledick—. El otro día Bertie Russell dijo en el club que la juventud británica tiene voz y debemos escucharla. ¿Qué querías manifestar, Prick?" "Sólo iba a decir, milord —habló el gandul—, que mi horario de trabajo concluye a las 17 horas. Son ahora las 5 y media de la tarde, de modo que lo que estaba haciendo no interfiere con mis actividades". "Descuidarlas es imperdonable —declaró lord Feebledick con tono admonitorio—, pero no menos represible es lo que hacías con mi esposa. A ella la conozco ya, pero tu ligereza me tiene sorprendido. Si no fuera porque los caballos te han cobrado particular afecto ahora mismo te despediría. Espero, sin embargo, que esto no se repita, o que se repita con la menor frecuencia posible. ¿Has entendido?" "Sí, milord —respondió con timidez el pobre joven—. No sé si deba aprovechar esta ocasión, señor, para informarle que la yegua alazana perdió un clavo de la herradura izquierda". *"Bloody be*! —palideció lord Feebledick—. Ése sí es un penoso contratiempo. Avisa de inmediato al caballerango. Las cosas andan mal en esta casa".

LLEGÓ DOÑA HOLOFERNES a su casa y encontró a su esposo, don Poseidón, en concúbito pecaminoso con la joven y linda criadita de la casa. "¿Qué significa esto?" —pregunta la señora hecha una furia—. Don Poseidón, obvio es decirlo, no era *mister* Webster, *monsieur* Larousse, el señor Joan Corominas o doña María Moliner. Por eso se le debe alabar que a pesar de no ser ninguno de esos eminentes lexicógrafos se haya avenido a dar la significación que su esposa le pedía. Respondió: "A esta pobre muchacha le dolía la cabeza. Buscaba una aspirina, se equivocó de frasco y se tomó una de tus píldoras anticonceptivas. Caramba, no era cosa de dejar que se desperdiciara".

EL ALMIAR ES un montón de paja. Bucolio, muchacho campesino, iba a desposarse con Zita, zagala de muy buen ver que estaba de criada en la ciudad. Un día antes de la boda, sin embargo, a Bucolio se le cayó el almiar. Si no lo levantaba, la paja se le echaría a perder. Así el muchacho envió un mensaje urgente a la casa donde su novia trabajaba y la señora se lo leyó a Zita. Decía el mensaje: "No podré llegar mañana. Se me cayó almiar". Comenta la chica, llena de tristeza: "¡Uh, pos entonces ya que ni venga!"

LE DICE EL papá de Pepito a un amigo: "Estoy furioso con Pepito. Embarazó a la criada". "¡No es posible! —exclama el amigo—. ¡Pepito tiene 5 años de edad!" "Sí —mascula furioso el papá—. Pero el caón se puso a hacerles agujeritos a todos mis condones".

LLEGA UN VISITANTE a la casa del pequeño. "Dime, buen niño —inquiere—. ¿Está tu papá?" "No está, señor —responde el chiquitín—. No ha venido desde que mi mamá sorprendió a Santa Claus metiéndose en el cuarto de la criada".

"ME VOY —LES dice un tipo a sus amigos del dominó—. La criada salió y mi mujer está sola". "También me voy yo —dice otro—. Mi mujer salió y la criada está sola".

LA SEÑORA SE encuentra a su exsirvienta, a la que hacía mucho tiempo no veía y se sorprende al verla elegantemente vestida. "¡Petra! —exclama asombrada la señora—. ¿Qué hiciste para poder comprar esos vestidos tan caros?" "Quitarme los baratos, señora" —responde la muchacha—.

LA SIRVIENTA LLEGÓ tarde a su trabajo. Eran ya las 11 de la mañana cuando se apareció en la casa. "¿Qué te sucedió, Mary Thorn? —le pregunta la señora—. ¿Se te pegaron las sábanas?" "No, *señito* —responde la muchacha—. Se me pegó mi marido".

Crisis

¡QUÉ DURA ESTÁ la crisis! Por doquier escucho hablar de ella y también en otras partes. Una señora se quejaba de que su marido repentinamente se había vuelto mesero, es decir ya nada más le manifestaba su amor una vez por mes. "Es la crisis, vieja —se justificaba el tipo—. Es esta maldita crisis". Antes los magos mexicanos sacaban conejos de un sombrero de copa. Ahora están sacando lagartijas de una cachucha. Conozco a tres muchachas que para no fenecer de hambre decidieron meterse a prostitutas. Esa drástica decisión la tomaron hace ya seis meses y las tres son todavía vírgenes. Los boleros están boleando a plazos: hoy un zapato; el otro la próxima semana.

EL PORDIOSERO PEDÍA limosna en una esquina. Tenía un sombrero en cada mano. Pasa un señor y le pregunta: "¿Por qué dos sombreros?" "No le tengo miedo a la crisis —contesta el tipo—. Abrí una sucursal".

Sexo

AQUEL SEÑOR TENÍA una farmacia. ("Farmacia", dije, pues si digo "botica" me sacarán la edad. *N. del A.*) Cierto día tuvo que ir al banco y le pidió a su esposa que se hiciera cargo del establecimiento mientras él estaba fuera. Llegó poco después a la farmacia un jovenzuelo de modales finos. "Quiero un supositorio" —pidió con atiplada voz—. "Tenemos estos de color blanco —le dice la señora—. Cuestan 15 pesos cada uno". "Quiero uno más grande" —solicitó el mozalbete—. Le informa la señora al tiempo que le mostraba otro supositorio de mayor tamaño: "Este de color negro cuesta 60 pesos". "No —lo rechaza el de maneras afectadas—. Quiero uno más grande todavía. ¿Qué precio tiene aquel?" "¿Cuál?" —pregunta la señora—. "Aquel grande —señala el adamado—. El que tiene dibujos como de falda de escocesa". "Ah, vaya —dice la señora—. Ese supositorio es muy caro; es el más caro que tenemos. Le cuesta 2 mil pesos". "¡No importa! —replica con ansiedad el jovenzuelo—. ¡Me lo llevo!" La señora envolvió la mercancía; el delicado cliente hizo el correspondiente pago y se fue muy contento con su adquisición. Poco después regresó el farmacéutico. "¿Cómo te fue? —le pregunta a su esposa—. ¿Tuvimos clientes?" "Uno nada más —responde La Vendedora más Grande del Mundo—, pero le vendí tu termo de café en 2 mil pesos".

DON LANGUIDIO SUFRÍA de disfunción eréctil. Eso lo traía mohíno, conturbado. Deploraba la pérdida de los enhiestos rijos de la juventud y lamentaba no poder librar ya aquellos combates a que Góngora se refirió cuando dijo que, siendo Amor (o sea Cupido) una deidad alada, dio a batallas de amor campos de pluma. Aludía el poeta a los colchones, hechos con ese blando material. Permítame decirle, don Languidio, que yo en su lugar no me preocuparía. Bien señaló la actriz Shirley MacLaine en una reciente entrevista: la vida se vuelve menos complicada cuando el sexo deja de ser un asunto capital. (Aun reducido a provincia, digo yo, sigue siendo algo agradable. Por otro lado, en lo que atañe al ejercicio erótico los hombres se dividen en dos clases: los que han fallado alguna vez y los mentirosos. Finalmente —y eso es lo más consolador— hay ahora medicamentos y dispositivos que prestan lo que natura ya no da. Y quedan todavía, como mejor recurso, las miríficas aguas de Saltillo. Un centilitro de esa mágica linfa taumatúrgica basta para dar ánimo al más desanimado. Cierto anciano señor que yo conozco bebía de vez en cuando aquellas portentosas aguas. Fue desafiado por un muchacho de 20 años a ver quién hacía más veces el amor en una noche. El joven lo hizo tres veces —¿por qué tan pocas?, me pregunto yo— y puso tres rayitas sobre la cabecera de la cama, para marcar la anotación. Se alejó luego, seguro de su triunfo. Llegó al cuarto el viejito saltillero, miró las tres rayitas y exclamó desolado: "¡Ciento once! ¡Caramba, me ganó por tres!" Pero ése es otro cuento y yo estoy con el de don Languidio. *N. del A.*) Le comentó a su mujer: "Un médico me dijo que me pondrá en aptitud de hacer de nuevo obra de varón". Le pidió la señora: "Dime quién es ese doctor. Iré a verlo". Don Languidio se sorprendió. "¿Para qué lo quieres ver?" Respondió ella: "Si vas a usar esa cosa oxidada, necesitaré una inyección contra el tétanos".

AFRODISIO LE DICE a Pirulina: "La palabra 'piernas' tiene dos sílabas. A ver: sepáralas".

EL PERRO DE doña Macalota, un san bernardo, roncaba mucho y fuerte. Ella lo llevó con el veterinario y éste le dijo a la señora que si le ataba un listón azul al can allá donde les platiqué, los ronquidos cesarían de inmediato. Doña Macalota siguió el consejo del facultativo: compró un listón azul y esa noche, cuando el perro se echó a dormir, se lo amarró en la parte de la reproducción. Milagro: esa noche el animal ya no roncó. El que sí roncó —lo hacía todas las noches en modo competente— fue el esposo de doña Macalota. Pensó ella en usar con su marido el mismo remedio que tan buen resultado había dado con el san bernardo y como tenía a la mano un listón rojo se lo amarró en la misma parte mientras dormía (mientras dormía el señor, no mientras dormía la misma parte). Al día siguiente despertó el esposo y vio aquel listón en su atributo varonil. Vio también el listón que lucía el perro y le dijo: "Anoche me tomé unas copas, Bernie y no recuerdo lo que sucedió. Pero tú sacaste el primer lugar y yo el segundo".

¿CUÁL ES LA diferencia entre un mono de nieve y una mona de nieve? Las bolas de nieve.

¿POR QUÉ LOS conejitos no hacen ruido al realizar el acto del amor? Porque tienen bolitas de algodón.

¿CUÁL ES EL hombre más popular del club nudista? El que puede llevar al mismo tiempo dos vasos de café y 12 donas.

¿CUÁL ES LA mujer más popular del club nudista? La que se puede comer las 12 donas.

Curanderos

DOÑA LUMBAGIA SUFRÍA mucho a causa de las reumas. Oyó hablar de un curandero que las hacía desaparecer en una sola sesión. Va con él y le pregunta: "¿En qué consiste el tratamiento?" Explica el hombre: "Hago que el paciente se acueste bocabajo en el suelo. Luego me subo sobre él llevando mis botas con tachones y bailo encima de su cuerpo una danza heredada de mis antepasados. Seguidamente lo golpeo con un bat de beisbol en las partes más afectadas por la reuma; a continuación le echo dos cubetazos de agua hirviendo y dos de agua helada y por último lo hago tomar un litro de aceite de ricino". Pregunta doña Lumbagia: "¿Y dice usted que cura las reumas en una sola sesión?" "Supongo que sí —responde el curandero—. Nadie ha regresado a que le repita el tratamiento".

‥

EL CURANDERO RELIGIOSO de la televisión dice con voz de merolico: "Y ahora, hermanos, cualquiera de ustedes que tenga una parte de su cuerpo incapacitada, acérquenla a la pantalla del televisor. Yo, que he hecho andar a los paralíticos, lo curaré". El marido se levanta y acerca la entrepierna al televisor. "Languidio —le dice su señora—. El hombre dice que puede hacer andar a los paralíticos, no resucitar a los muertos".

Curas

LLEGÓ DOÑA TEBAIDA a confesarse y vio dentro del confesonario a un desconocido. "¿Quién es usted?" —le pregunta recelosa—. "Soy el carpintero" —responde el individuo—. Inquiere doña Tebaida: "¿Y el padre Arsilio, dónde está?" "No sé —responde el individuo—. Pero si oyó lo que yo he estado oyendo en el rato que llevo aquí, seguramente fue a dar parte a la policía".

EL PADRE ARSILIO estaba confesando a Afrodisio. Le pregunta: "Dime, hijo: ¿deseas a la mujer de tu prójimo?" "Sí, padre —responde el salaz tipo—. Pero en justa compensación a la mía no la deseo nada".

AQUELLA MUJER DE edad madura se casó por fin. Su mayor ilusión era tener familia y aunque ponía todo de su parte (y la parte correspondiente de su todo) la cigüeña no llegaba. Ya desesperaba la madura señora de ser madre algún día cuando oyó decir que en cierto pueblo había una iglesia milagrosa: si una mujer rezaba en ella tres Aves Marías salía embarazada. Acudió, desde luego, presurosa. Al llegar al pequeño templo preguntó al sacristán: "Perdone: me dicen que aquí queda uno encinta con tres Aves Marías". Responde el chupacirios, comedido: "No, señora, no es con tres Aves Marías, es con un Padre Nuestro. Pero ahora no está".

UN CURITA ESPAÑOL viajaba en jet. En el asiento vecino iba una religiosa muy finolis, superiora de una orden de alto copete. Llega la azafata con el carrito de los vinos y licores y le pregunta a la reverenda: "¿Qué va usted a tomar, madre?" Con afectada voz responde ella: "Quiero un curazao". Prorrumpe el padrecito hecho una furia: "¡Y a mí deme una monja hervida, oño!"

"DIME, PIRULINA —INTERROGA el padre Arsilio a la chica que se estaba confesando—. ¿Has dormido con hombres?" "¡Ay, padre! —se ríe ella—. ¡Cuando una está con hombres quién se acuerda de dormir!"

"SOY UNA PECADORA, señor cura. Me acuso de que me gusta mucho el párroco de la iglesia de San Camilo". "Eso está muy mal, hija mía. Tú perteneces a esta parroquia".

SE FUE A confesar el sacristán del templo con el cura. "Me acuso, padre —dice— de que rodando, rodando, conocí a la mujer del boticario y le hice el amor. Luego, rodando, rodando, conocí a la mujer del zapatero y también le hice el amor. Después, rodando, rodando, conocí a la esposa del tendero y le hice el amor también". Pasaron unos días de aquella confesión. Una tarde el señor cura estaba con una feligresa al pie del campanario. En eso se oyó un estrépito en lo alto. Llega un monaguillo y le dice muy asustado al señor cura: "¡Padre! ¡El sacristán perdió pisada y viene rodando por la escalera!" "¡Vámonos de aquí, hija! —exclama el señor cura presa del pánico—. ¡Rodando, rodando, este caón es capaz de follarnos!"

EL PADRE ARSILIO daba una conferencia ante un público hostil. Al final se levanta un individuo y pregunta desafiante: "Bueno, ¿y qué es eso de los milagros?" "Suba usted al foro, si es tan amable" —le pide el padrecito—. El individuo sube. Le indica el padre Arsilio: "Párese aquí con las piernas ligeramente abiertas". "¿Qué? —se burla el sujeto—. ¿Me va usted a hacer levitar?" "No —responde el señor cura—. Se trata de algo muy distinto". El tipo se coloca como el padre Arsilio le dijo. Entonces éste toma impulso y con todas sus fuerzas le propina al hombre una patada nada paterna en la entrepierna. "Ahora me va a entender —dice el curita—. Si no le hubiera dolido, eso habría sido un milagro".

EL JOVEN CURITA era asaltado con frecuencia por grandes tentaciones de la carne. Lo asediaban lúbricas visiones semejantes a aquellas que ponían a san Antonio en trance de mortificación. Turbado por el continuo ataque de la concupiscencia buscó el consejo de don Arsilio, anciano sacerdote de noventa años. "Padre —le pregunta—. ¿A qué edad se termina para el hombre la tentación de la mujer?" "Hijo mío —suspira don Arsilio—. Por lo que he podido desprender de mi experiencia y de las lecturas de los más sabios doctores de la iglesia, esa tentación se acaba unos quince días después de muerto".

EL SEÑOR CURA estaba absorto en la sala de recepción del médico viendo con atención las páginas centrales de un ejemplar del *Playboy*. "¡Padre! —le reclama airada una dama de edad madura que también estaba ahí—. ¡Me sorprende que siendo usted un hombre del Señor esté viendo esa revista!" "Hija —responde el sacerdote exhalando un profundo suspiro—. El hecho de que yo esté a dieta absoluta no significa que no pueda ver el menú".

AQUEL CAMPESINO INDÍGENA jamás había visto a un sacerdote católico. Le llamó la atención el alzacuello del cura, prenda que se abotona por atrás y le preguntó: "¿Por qué trae usted el cuello de la camisa al revés?" "Es que soy padre" —responde el sacerdote—. "Bueno —dice el campesino—, yo también soy padre y llevo el cuello de mi camisa al derecho". "No me entiendes —le dice sonriendo el sacerdote—. Soy padre de más de 20 mil hijas e hijos". "¡Ah, caón! —se sorprende el campesino—. ¡Entonces lo que debía ponerse con lo de adelante para atrás son los pantalones!"

EN EL AVIÓN la azafata le ofreció un whisky al señor cura. "¿A qué altura estamos volando?" —preguntó él—. "A 30 mil pies" —responde la muchacha—. "Mejor me espero a que vayamos a aterrizar —dice el sacerdote—. Ahorita estoy muy cerca del patrón".

EN LA CLASE de catecismo una niñita le pregunta al padre Arsilio: "¿Por qué Dios hizo primero al hombre y luego a la mujer?" El buen sacerdote, sin dudar, responde: "Porque no quería que nadie le dijera cómo hacer las cosas".

EL PÁRROCO NOTABA que las velas del altar desaparecían misteriosamente. Llamó al sacristán y le dijo que lo iba a confesar. Ya en el confesonario le preguntó, severo: "¿Quién se está robando las velas del altar?" Respondió el rapavelas: "Perdone, padrecito. No lo escucho bien". "¡Bribón! —se enoja el señor cura—. ¡Yo te oigo perfectamente!" "Pero aquí no se oye bien —insiste el sacristán—. Déjeme ocupar su lugar y venga usted al mío y lo verá". Cambiaron, en efecto, de sitio. El sacristán pregunta entonces: "Dígame, padre: ¿quién se ve con mi mujer cuando yo no estoy?" Exclama con simulado asombro el cura: "¡Mira, es cierto! ¡No se escucha bien!"

ROSILÍ FUE A confesarse con el padre Arsilio. Le dijo que había entregado a su novio la flor de su virginidad. "¿Por qué lo hiciste, desdichada?" —clama el buen sacerdote—. "Fue por debilidad, padre" —responde la muchacha, compungida—. "¿Y acaso crees, insensata —profiere el padre Arsilio—, que eso que tiene tu novio entre las piernas es reconstituyente?"

EN LA KERMÉS de la iglesia el padre Arsilio tuvo antojo de comer algo ligero. Se dirigió al puesto de alimentos y le pidió a la guapa chica que lo atendía que le diera unos nachos y un refresco. La muchacha se dio la vuelta para surtir la orden. Al inclinarse en busca del refresco la breve minifalda que portaba se alzó de tal manera que a la chica se le vio toda la parte posterior. "¡Perdone usted, padre!" —se disculpó, confusa, bajándose apresuradamente la faldita—. "No tienes por qué pedir perdón, hija mía —la tranquilizó el amable sacerdote—. Estoy entregado a las tareas del espíritu y las cosas del cuerpo no las veo. Si por azar se me presentan a los ojos, como ahora, no dejan en mí ninguna impresión". "Qué bueno que me lo dice, padre —agradece la muchacha—. Eso me tranquiliza. Pero dígame: ¿qué me había pedido? Con la pena se me olvidó". Responde el padre Arsilio: "Te pedí unas nachas y un refresco".

FATTY GACAMAS NO gozaba de buena fama en la comunidad. Se decía que todos los hombres del pueblo le conocían el lunar que tenía en la parte interior del muslo izquierdo. En honor a la verdad diré que ese rumor era mentira: no le conocían el lunar los varones menores de doce años. Sucedió que Fatty pasó a mejor vida. En el cementerio suspiró el buen padre Arsilio: "Al fin juntas". Inquirió alguien: "¿Habla usted de la pobre Fatty y de su madre?" "No —replicó el sacerdote—. Hablo de sus piernas".

UN HOMBRE LE dijo en el confesonario al joven sacerdote: "Me acuso, padre, de que soy un tonto". "Eso no es pecado, hijo —replicó el sacerdote—. Si lo fuera, muchos que conozco, incluso algunos superiores míos, serían formidables pecadores. Pero aclárame una cosa: ¿por qué dices que eres tonto?" "Mire padre —explica el penitente (dicho sea sin segunda intención) —. Tengo una esposa bellísima, de agraciado rostro y cuerpo escultural: hombros ebúrneos; turgentes senos como de Venus de Citeres; talle de palmera; grupa de potra arábiga; brazos de Juno; torneadas piernas marfilinas. A más de hermosa, mi mujer es ardiente, pasional, concupiscente, voluptuosa, lúbrica, libidinosa, impúdica, lasciva, licenciosa, erótica y sensual. De continuo arde en ignívomas ansias amorosas; tal se diría que está deseando siempre que en ella se cumpla obra de varón. Y sin embargo, padre, no siento por mi cónyuge interés alguno y aunque me pide sexo a todas horas no atiendo nunca su carnal demanda y ella anda en permanente estado de inquietud por falta de hombre. Le digo, padre: soy un tonto". "Caramba, hijo —tose el sacerdote—. Dime, ejem: ¿dónde vives? ¿Cuál es tu dirección y tu teléfono?" "Padre —responde con tono severo el individuo—. Soy tonto, no pendejo".

"¿USTED LE DIJO a sor Bette que estaba embarazada?" Eso le preguntó la superiora del convento al joven médico. "Así es, madre —respondió el facultativo—. Su monjita traía un ataque muy severo de hipo y para quitárselo por medio de un susto le dije que estaba embarazada". Contesta muy enojada la reverenda: "Y el hipo se le quitó, lo reconozco. Pero al padre capellán le dio un infarto".

EL PADRE ARSILIO notó que uno de los feligreses actuaba extrañamente al rezar el acto de contrición. Cuando termina la misa lo llama. "Oiga usted —lo reprende—. Al decir: 'Por mi culpa, por mi culpa, por mi grande culpa' debe uno golpearse el pecho, no la entrepierna". Responde el individuo: "En el pecho no tengo culpa alguna".

EL PADRE ARSILIO dirigía el rezo del rosario ante sus feligreses. En eso fue llamado a impartir el sacramento de la extremaunción a don Pioquinto, anciano señor que estaba ya en las últimas. Llamó a su sacristán y le pidió que continuara el rezo del rosario. Cumplió el buen sacerdote su piadoso oficio y regresó a la casa parroquial. Despachó algunos asuntos; cenó tranquilamente; leyó luego en su cuarto la Liturgia de las Horas; dijo sus oraciones de la noche y después de un buen rato de meditación se puso su piyama y se acostó a dormir. En eso oyó rumor de rezos en la iglesia. Sorprendiose al oír aquello, pues era ya la una de la madrugada. Se puso una bata y fue al templo. Cuando llegó, el sacristán estaba diciendo ante la numerosa feligresía: "Misterio 492: el bisnieto de Santa Isabel termina la secundaria. Padre Nuestro..."

EL PADRE ARSILIO ideó un recurso de alto impacto para alejar a sus feligreses de insanas tentaciones. En vez de sermonearlos puso ante ellos una mesa con cuatro frascos de cristal. El primero estaba lleno de humo de cigarro; en el segundo había una bebida alcohólica; el tercero contenía líquido seminal de hombre y el cuarto mostraba un litro de agua pura y cristalina. El buen sacerdote puso en cada frasco unas lombricitas. Las que echó en los recipientes con humo, alcohol y semen no tardaron en morir. En cambio las del frasco de agua nadaban alegremente y con vivacidad. Se dirige a los fieles el padre Arsilio y les pregunta: "¿Qué conclusión sacan ustedes de este experimento?" Levanta la mano doña Pasita, anciana feligresa y dice: "Yo concluyo que mientras *júmenos*, *bébanos* y *cójanos*, no tendremos lombrices".

EL REVERENDO ROCKO Fages cayó en insana tentación de carne con la pianista de la iglesia, artista de mucho mérito si se considera que su abundantísimo tetamen le impedía ver el teclado del piano y entonces debía tocar a ciegas la música de los himnos. Hay unos muy difíciles, como *Will there be any stars in my crown*? o *Revive us again* y aun así ella los interpretaba con maestría consumada. También Rubinstein o Horowitz tocaban muy bien el piano, hay que reconocerlo, pero ellos no tenían obstruida la visión como la hermana Milcaria, que así se llamaba la pianista. Atrás del piano la llevó el ministro Rocko y haciéndola que se tendiera sobre el suelo en decúbito supino, quiero decir de espaldas, empezó a yogar con ella utilizando la posición del misionero. (Pensó el pastor que usar cualquier otra postura era contrario a la dignidad del recinto donde estaban. *N. del A.*) Muy concentrado estaba el predicador en aquel *in and out* cuando acertó a entrar en la iglesia un muchachillo. Lo vio Milcaria y con apuro dijo a Rocko Fages: "¡Un niño, reverendo! ¡Un niño!" "Hermana —respondió el pastor sin perder el compás —tres por cuatro, valseadito— de sus eróticos meneos—. Niño o niña; lo que en su infinita sabiduría quiera enviarnos el Señor".

"ENTONCES MI NOVIO me llevó al asiento de atrás de su vochito y me pidió que pusiera un pie en cada una de las correas que están junto a las puertas". Así dijo Pirulina al confesarse con el padre Arsilio. "¡Carajo! —exclamó estupefacto el buen sacerdote—. ¡Veinte años tengo de manejar un vocho y hasta ahora sé para qué sirven las correítas ésas!"

EL SEÑOR CURA del lugar celebró su cumpleaños y le estaba contando a un granjero cómo toda la gente le había llevado obsequios a la misa. "Me regalaron frijol, maíz y trigo —dice— y alguien llevó un marranito. Pero lo que más llamó la atención fue cuando Nalguirita, la hija de usted, puso un huevo en el altar". "¡Chin!" —se enoja el granjero—. "¡Tanto que le he dicho que no ande jugando con el gallo del corral!"

EL PADRECITO RECIÉN ordenado iba a predicar un sermón sobre el infierno. Para escucharlo el cura párroco se sentó en primera fila. Comienza su homilía el émulo de Fénelon: "El infierno, hermanos, está lleno de todas las cosas que hacen la perdición de los humanos: cigarros, vino, música estridente, mujeres con bikinis de una sola pieza, *vedettes*, bailarinas exóticas, chicas con minifalda y blusas transparentes..." Desde su banca le dice en voz baja el señor cura: "Ya no le sigas, Arsilio. Hasta a mí me están dando ganas de irme allá".

EL PADRE ARSILIO tenía un perico muy majadero; no decía más que madriciones. Una de sus feligresas, en cambio, era dueña de una lorita que se pasaba el día rezando. El señor cura pensó que si llevaba algunos días al lépero cotorro con la periquita el pajarraco adquiriría el buen hábito de la oración. Lo llevó, pues y unos días después llamó a la señora para preguntarle cómo se comportaba el loro. "Sigue maldiciendo —le informa la mujer—. Y mi periquita dejó de rezar. Dice que ya le llegó lo que pedía en sus oraciones".

EL SEÑOR CURA que estaba confesando se sobresalta al escuchar que una muchacha dice: "Me acuso, padre, de que pequé con mi novio con la mano y con la boca". "¿Cómo fue eso?" —pregunta muy interesado—. "Sí —explica la muchacha—. Pequé con la mano porque me pidió que lo dejara darme un beso en el cachete y yo le dije con los dedos: ¡Pitos de calabaza! Y pequé con la boca porque insistió, y entonces yo le dije muy feo, le dije: ¡Vete a la porra!"

EL SEÑOR DE edad madura y grave continente se presenta ante un médico de Roma especializado en problemas de la sexualidad. "Doctor —le dice— he notado una marcada disminución en mis facultades". "¿Con qué frecuencia las ejercita usted? —inquiere el galeno—. "Cuatro veces al año" —contesta el caballero—. "No es mucho" —dice el especialista sin poder disimular un dejo de ironía—. "En mi caso no está mal —replica el señor algo molesto—. En primer lugar tengo 65 años. En segundo lugar tiendo a ser tímido. Y en tercer lugar soy cardenal".

EN AQUEL PUEBLO todos eran muy indejos, muy tontos. Un buen día les dio además por cometer toda suerte de pecados y delitos. El cura párroco trató de frenar tales excesos, mas nadie le hizo caso. Vino el obispo y nadie lo escuchó. Desesperado, el padrecito le pidió al nuncio papal que lo auxiliara. Llegó el nuncio, que era un Savonarola, es decir alguien que no transige con el pecado, el vicio o las frivolidades, y salió a la calle gritando a voz en cuello: "¡Pecadores!" Eso sí molestó a los tontos depravados. Empezaron a gritarle injurias al nuncio. El cabecilla incitó a la muchedumbre: "¡Vamos a golpearlo!" Todos los tontos fueron contra el nuncio. Corrió el infeliz para salvarse y fue a dar a un callejón sin salida. Llegó la feroz turba. El nuncio se sintió perdido: de seguro encontraría la muerte a manos de aquellos fementidos tontos. Se arrodilló, cerró los ojos e inclinó la frente para rezar. De pronto sintió en torno de sí un gran silencio. Levantó la mirada, y lo que vio lo dejó mudo: la rabiosa multitud de tontos se había detenido, y ahora retrocedía, respetuosa. No se explicó el nuncio aquel milagro. Sucedió que los tontos vieron un letrero en la pared que decía: "Prohibido pegar a-nuncios".

EL SUPERIOR REGAÑABA al joven reverendo recién ordenado. "Mira, hijo —le dice—. Paso que en tu iglesia toque un conjunto de rock en vez de un organista. Eso es lo que les gusta a los muchachos. Paso que chicas bonitas en minifalda sean las que recogen las limosnas. Quizá mejore la colecta. ¡Lo que sí de plano no te puedo permitir, hijo, es que en vez de 'Iglesia de Jesús' pongas 'Chucho's le Club'!"

EL PADRE ARSILIO se conturbaba mucho porque sus feligreses se dormían mientras él pronunciaba su sermón. Fue a consultar el caso con el señor obispo, quien tenía fama de elocuente orador sagrado, nutrido en los ejemplos de Bossuet y Fénelon. Le dice Su Excelencia: "Es cosa fácil ganar la atención del auditorio. Cuando noto que mis oyentes empiezan a distraerse interrumpo de súbito el sermón y digo: 'Hermanos: anoche tuve en mis brazos a una mujer'. Todos paran las orejas y se enderezan en sus asientos, sorprendidos. Entonces continúo: 'Sí, queridos hermanos. Vino mi madre a visitarme, y la abracé lleno de filial amor'. Ya reconquistada la atención de la gente, prosigo mi sermón". Al padre Arsilio le pareció excelente la táctica del señor obispo, y se propuso ponerla en práctica cuanto antes. En el sermón del domingo la gente, como de costumbre, empezó a dormitar. "¡Hermanos! —profiere de repente el padre Arsilio—. ¡Anoche tuve en mis brazos a una mujer!" Los feligreses, estupefactos, abrieron los ojos. Vacila el Padre Arsilio, duda, y luego dice confuso y lleno de turbación: "Perdonen, hermanos: ya no me acuerdo de lo demás".

SUSIFLOR SE FUE a confesar con el padre Arsilio. "Anoche —le cuenta— dejé que mi novio me hiciera el amor". Le dice el sacerdote: "¿Ya ves a lo que conduce un minuto de debilidad?" Aclara Susiflor: "Fueron 40".

EL JOVEN SACERDOTE recién ordenado estaba confesando por primera vez. Una feligresa, señora apetecible, le contó sus culpas. No hizo aquel curita lo que el padre Jáuregui, inolvidable sacerdote de mi ciudad, Saltillo, hombre bonísimo cuya virtud se conmovía al escuchar los tremendos desafueros que le revelaban los pecadores. En cierta ocasión una señora se estaba confesando con él. Quién sabe qué le diría la mujer, el caso es que el buen padre Jáuregui salió como tromba del confesionario y se asomó al cubículo dónde estaba de rodillas la confesante. "¡Ah bárbara! —le dijo, escandalizado, con aquel vozarrón tonante suyo—. ¡Déjame ver quién eres!" No hizo tal el curita de mi cuento, pero quedó igualmente anonadado al escuchar la nómina de los pecados de la feligresa. Ni siquiera pudo atinar a decidir qué penitencia debía darle para expiar sus culpas. Le pidió que lo aguardara un momentito y se dirigió a la sacristía. Ahí estaba el cura párroco, su superior. "Padre —le preguntó el novato al sapiente sacerdote—. ¿Qué le daría usted a una señora ya mayor, casada, que se dedica a andar con hombres?" Responde sin vacilar el párroco: "Cuando mucho 500 pesos, hijo".

EL HOMBRE QUE se estaba confesando le dice al confesor: "Temo ser expulsado de la iglesia, padre. Ayer estaba con mi esposa, y me emocionó tanto su proximidad que en ese mismo instante me lancé sobre ella y le hice el amor apasionadamente". "Hijo —dice el sacerdote—, si lo hiciste con tu esposa eso no es pecado. De ninguna manera serás expulsado de la iglesia". Y dice el sujeto: "Porque del cine sí nos expulsaron".

EL PADRE INCAPAZ (llamado así porque las hinca y ¡paz!) tenía un extraordinario paladar de catador. Un día el cantinero del pueblo decidió ponerlo a prueba. Le ofrece una copa. La prueba el párroco y dice de inmediato: "Whisky. Cosecha 1956. Y no es escocés". Le tiende otra copa el tabernero. "Ron —dice el curita—. Añejado desde 1960. Y no es de Puerto Rico". Le da una copa más el de la cantina. "Vodka —adivina inmediatamente el padre—. Embotellado en 1971. Y no es ruso". Irritado por los continuos aciertos del padre Incapaz, va el cantinero con una chica y le pide una muestra. Regresa y se la da a probar al cura. La cata él, y después de un instante de vacilación responde con absoluta certidumbre: "Rubia. 1.70 de estatura. Medidas: 90-62-90. Y no es de mi parroquia".

MURIÓ LA SEÑORA de don Coronato, el boticario del pueblo. El padre Arsilio fue a darle el pésame. "¡Mi pobre esposa! —gime el viudo—. ¡Era tan amable!" "Es cierto, hijo" —se conduele el padre Arsilio. "¡Era tan trabajadora!" —llora el infeliz. "Es cierto, hijo" —repite el buen sacerdote—. "¡Era querida de todos!" —solloza el hombre. "También eso es cierto, hijo —suspira el padre Arsilio—. ¿Y la perdonaste?"

UNA SEÑORA EN buenas carnes, frondosa, apetecible, llegó a confesarse con el padre Arsilio. Le dice: "Soy viuda, señor cura. Mi esposo tenía la costumbre de hacerme el amor cuando al amanecer sonaban las campanas de la iglesia. Desde entonces cada vez que oigo el repique de campanas me asaltan las tentaciones de la carne". El padre Arsilio llama al sacristán y le ordena por lo bajo: "Llama inmediatamente a misa".

Deportes

AQUEL HOMBRE ANSIABA con vehemencia asistir a la final del campeonato de futbol, pero no tuvo dinero para comprar ni aun la localidad más económica. Grande fue su sorpresa, por lo tanto, y mayor su felicidad, cuando recibió por mensajería un boleto para el juego, y de los caros: tribuna central, primera fila. Decía la carta que acompañaba a ese boleto: "En premio a su afición por nuestro equipo le enviamos este obsequio. La directiva". Feliz, el hombre fue al partido. En el ínterin su esposa recibió en el domicilio conyugal a un individuo. Le dice al tipo mientras lo conducía a la recámara: "Batallé un poco para conseguir el boleto, pero tenemos noventa minutos para nosotros, sin contar el descanso del medio tiempo, y más si hay tiempos extra". (Y aparte un rapidito adicional, sugiero yo, en el caso de serie de penales. *N. del A.*)

EL MÁNAGER DE un equipo de beisbol le informa al dueño de la organización: "Me acaban de llegar dos nuevos pícheres. Les estoy dando entrenamiento, pues los dos tienen un defecto: uno lanza muchas pelotas bajas; el otro tira casi puras bolas altas". Pregunta el dueño: "¿Y cuál de los dos promete más?" Responde el mánager: "El Jirafo". "¿El Jirafo?" —repite el propietario extrañado por aquel raro apodo—. "Sí —dice el mánager—. El de las bolas altas".

AQUEL TIPO SE pasaba todo el tiempo viendo en la tele partidos de futbol. Un día su señora se le presentó cubierta sólo por un ligero negligé. Dice el esposo casi sin apartar la vista del televisor: "Veo que te compraste un negligé gris". "No es gris —responde la señora—. Es transparente. Lo que ves son telarañas".

SE LLAMABA CANUTO Lombardino, pero pedía que lo llamaran Knu-te. El futbol americano era su vida. Se la pasaba sentado frente al televisor siguiendo todos los partidos. Ninguno de la temporada se perdió. Llegó el día del Súper Tazón, y se dispuso a gozarlo con ayuda de dos *six* de cerveza, un kilo de botanas y una botella de ron con refrescos y agua mineral, *"pa'l* desempance", dijo. En eso estaba cuando se le presentó su esposa en bata. Abrió esa prenda la señora, y se mostró sin otra alguna ante su omiso cónyuge. Le dijo: "Toda la temporada me has tenido en la banca, Lombardino. Si no me utilizas esta tarde, voy a declararme agente libre".

DORKY THE PORKY, luchador profesional, llegó a su departamento cuando no era esperado, y encontró a su mujer refocilándose en el lecho conyugal con su mejor amigo. Tomó al sujeto en sus membru-dos brazos y lo arrojó al vacío por la ventana (vivían en el piso 42 del edificio). "¡Ay, Dorky! —le dice la señora con lamentosa voz—. ¡Si sigues con esos arranques de celos te vas a quedar sin amigos!"

DON SEBILIO, SEÑOR más que robusto, pasó por un gimnasio y vio un anuncio: "Pierda 1 kilo en 5 minutos". Entró por curiosidad y fue conducido a un gran salón. Ahí lo dejaron solo. Se abrió una puerta y apareció una preciosa morena en *pelletier,* es decir, sin ropa alguna. Sonriendo le mostró un letrero que decía: "Si me al-canzas, ya sabes". Echó a correr la chica alrededor del aposento y don Sebilio corrió tras ella con la esperanza del ansiado goce. No la pudo alcanzar, pero tras 5 minutos de correr así había perdido un kilo. Pasó una semana y el robusto señor fue otra vez al gimnasio. El anuncio decía ahora: "Pierda 5 kilos en 1 minuto". Asombrado por esa oferta cuyo cumplimiento se garantizaba entró don Sebilio y fue llevado al mismo salón. A poco se abrió la puerta, pero en vez de la linda morena entró un negrazo de estatura descomunal y hercúleas formas. Con siniestra sonrisa le mostró un letrero: "Si te alcanzo, ya sabes". Y en efecto, en menos de 1 minuto de angustiosa carrera don Sebilio perdió los 5 kilos.

EN EL BAR se hablaba de deportes: "Yo fui campeón de los 100 metros planos — se ufana uno—. "Yo de los 500 metros planos" —se jacta otro—. "Pues yo —dice con tristeza el tercero—, me casé con los 165 centímetros planos".

CONTRAJO MATRIMONIO EL pícher abridor de un equipo de beisbol. La noche de bodas se cansó en la segunda entrada. Toma el teléfono su flamante mujercita y llama al mánager del equipo. Le dice con disgusto: "Aquí su pícher necesita un relevista".

EL DIRECTOR TÉCNICO de un equipo de futbol encontró a su mujer en brazos de un desconocido. Le contaba después a su asistente: "Sorprendí a mi esposa abrazándose con un sujeto que medía como dos metros de estatura. Me fui contra él y le tiré una patada. La detuvo con ambas manos. Le tiré otras tres o cuatro, y todas las desvió. Intenté golpearlo y se puso fuera de mi alcance con un felino salto lateral. Entonces quise hablar con él, pero se fue". "Y ¿para qué ibas a hablar con él?" —le pregunta el asistente. "¿Cómo para qué? —replica el director—. ¿Te imaginas, con esa estatura, esos reflejos y un poco de entrenamiento, el porterazo que podría ser?"

DON BLANDINO, SEÑOR de edad madura sin arrestos ya, y su consorte doña Avidia, exuberante mujer en buenas carnes y todavía con rijosos ímpetus de salacidad, veían en la sala de su casa un partido del mundial de futbol. En la pantalla apareció un aficionado que desde las tribunas gritaba con entusiasmo grande: "¡Duro! ¡Duro!" Y dice doña Avidia a su marido: "¡Ay, viejo! ¡Así quisiera verte a ti!"

EL EQUIPO ANOTÓ un gol. La señorita Himenia Camafría, madura soltera, saltó al campo y fue a abrazar con gran entusiasmo al portero. "Pobrecito —le explica al árbitro que fue a sacarla del campo—. Todos se abrazan cuando meten gol, y a él lo dejan por acá, solito".

Sonja Lasiete, patinadora en hielo, fue a pedir trabajo en una empresa de espectáculos. "¿Puede usted levantar los dos pies en el aire?" —le pregunta el empresario—. "Sí —responde Sonja—. Y doy tres vueltas antes de caer". "Yo no digo patinando" —aclara el empresario—.

El representante de la beneficencia pública entrevistaba a la señora que había pedido ayuda. "¿Estado civil?" —le pregunta—. "Viuda" —responde ella—. "¿De qué vivía su marido?" —inquiere el funcionario—. "Del box" —contesta la señora—. "Y usted —pregunta el entrevistador—, ¿de qué vive?" "Del box también" —replica ella algo apenada—. "¿Del box? —se sorprende el otro—. ¿Cómo?" "Sí —explica la señora—. Del *box spring*".

El famoso fisiculturista estaba en el gimnasio levantando pesas y haciendo toda suerte de fatigosos ejercicios. Un reportero lo fue a entrevistar. "Y dígame, campeón —le pregunta—. ¿Qué meta se ha fijado?" "Para este año —responde el gran atleta—, mi meta es llegar a llenar bien un brasier copa C".

Un muchacho quería ser jugador de futbol y solicitó ser admitido en la escuela de fuerzas básicas. Sin embargo regresó a su casa muy decepcionado. "No me admitieron" —dice a su papá—. "¿Por qué?" —pregunta éste—. "Soy miope —responde el muchacho—. No veo casi nada". "¡Qué lástima! —exclama el papá—. ¡Con lo mucho que te gusta el fútbol!" "De cualquier modo seguiré en el fútbol —dice el muchacho—. Pasé el examen de admisión en la escuela de árbitros".

Hubo una pelea de box en Las Vegas. "Sospecho —le dice uno de los jueces a otro— que la empresa está formada por tahúres". "¿Qué te hace pensar eso?" —se inquieta el otro—. Responde el suspicaz: "¿No te has fijado cómo cuenta el réferi? 'Uno, dos, tres, cuatro, cinco, seis, siete, ocho, nueve, diez, joto, cuina, rey'".

Aquel señor solía jugar softbol todos los fines de semana. Un día, mientras cenaba con su esposa, le pregunta: "Dime, Jodoncia: si me muriera, ¿te casarías otra vez?" "Para serte sincera, sí" —responde la mujer—. "¿Y traerías a tu nuevo marido a vivir en nuestra casa?" —inquiere el hombre—. "Claro que sí —responde ella—. No tendría caso comprar otra". "¿Y le darías mi automóvil?" "Si él no tuviera, sí". Hace una pausa el tipo. Después pregunta lleno de inquietud: " ¿Y lo dejarías que usara mi guante de softbol?" Responde la mujer: "Eso no. Él es zurdo".

Aquel equipo de beisbol, los Beeveedees, andaba de capa caída. Sus jugadores perdieron 10 de los primeros 11 juegos de la temporada, y luego cayeron en un *slump*. (*Slump* es el nombre que en lenguaje beisbolero recibe una mala racha. *N. del A.*) Así las cosas, el mánager del equipo, Bummer Kluck, se puso a buscar nuevos peloteros. Entre los aspirantes se presentó un caballo, que ofreció sus servicios de pícher abridor. "En mi anterior equipo —le dice a Kluck— gané veinte juegos en la temporada. Mi porcentaje de bateo es de .457". Sin poder dar crédito a lo que oía, Bummer lo contrató, y lo puso a lanzar el primer juego. En la primera entrada el caballo ponchó a los tres bateadores del equipo rival. En la segunda repitió la proeza: igualmente despachó a los tres. Los partidarios de los Beeveedees estaban entusiasmados. Le llegó al maravilloso equino su turno al bat. El caballo le tiró el primer lanzamiento, y su batazo fue tan poderoso que la pelota fue a dar al fondo del parque. Pegó de aire en la barda; seguramente era un triple. El jardinero del otro equipo chapuceó la pelota antes de hacer el tiro al cuadro. Al segunda base se le cayó la bola y tuvo problemas para hallarla. El pícher la recogió e hizo un mal tiro a la primera. Al primera base se le fue la pelota y batalló también para encontrarla. Por fin la halló, y con facilidad sacó el *out:* el caballo, a pesar de haber bateado para triple, aún no llegaba a primera base: iba apenas a medio camino entre primera y *home*. Regresa el solípedo al *dugout* y el mánager le dice: "No cabe duda, Horshit: pichas extraordinariamente bien, y se ve que eres un magnífico bateador. Pero no corres nada". Responde el caballo: "Si supiera correr estaría en el hipódromo, y no jugando este juego que ni le entiendo bien".

SE CELEBRABA EL campeonato de nado de pecho en la rama femenil. Se inscribieron tres nadadoras. La primera terminó el recorrido en 20 segundos; la otra llegó tres décimas de segundo después. Media hora más tarde arribó a la meta la tercera nadadora. "¡Protesto! —reclamó muy enojada al salir de la alberca—. ¡La competencia era de nado de pecho, y ellas usaron los brazos!"

UN AFICIONADO AL beisbol fue con el psiquiatra. "No pienso en nada más que en ese deporte —le dice preocupado—. Todas las noches sueño que estoy jugando beisbol". "Muy raro caso el suyo —declara el analista—. ¿No sueña con mujeres?" "No —replica el angustiado sujeto—. Me da miedo perder mi turno al bat".

SE CASÓ EL famoso Arak Acet, campeón de artes marciales. Al comenzar la noche de bodas se plantó frente a su flamante desposada, que lo esperaba ya en la cama, y conforme al uso de su disciplina gritó con estentórea voz: "¡Yaaaaa!" Tras lanzar ese grito de guerrero se precipitó sobre su mujercita a fin de consumar la unión. Exactamente 30 segundos después dijo Arak, ahora con voz feble: "Ya".

PRESENTO A MIS cuatro lectores el matrimonio Hit. El señor es de provecta edad, pachucho ya. En él se han agotado todos los rijos de la varonía y ni el licor de damiana ni la hueva de lisa ni la yerba garañona ni toda la parafernalia de la marisquería y ni el moderno Viagra —ni aun el Plus, que garantiza a las esposas buenos resultados— podrían hacer que se levantara el feblecido lábaro de su masculinidad. Ella, por su parte, es fea, retefea, requetefea, fea en grado superlativo, más fea que un coche por abajo. Es fea como el pecado. (Como el pecado feo, digo, porque hay pecados bonitos. *N. del A.*) Es fea con efe de foco fundido. De ahí el nombre que a este matrimonio el vulgo le ha aplicado: matrimonio Hit. Le llaman así porque, como se dice de los hits en el lenguaje del beisbol, él es imparable, y ella es incogible.

∵

AQUEL SEÑOR ERA pescador. Muy cerca del pequeño pueblo en que vivía pasaba un río de aguas claras y frías donde las truchas abundaban. Iba el señor cada mañana a pescar, y se desesperaba, pues los peces no picaban. Se molestaba mucho por eso, y más porque veía al cartero del pueblo que llegaba algunas veces y sin siquiera usar anzuelo, con las manos, atrapaba una buena cantidad de truchas grandes y lucientes. Cierto día el señor ya no se pudo contener y le preguntó al cartero: "¿Cómo le haces para pescar así las truchas, con las manos?" Responde el hombre del correo: "Te diré mi secreto si prometes no revelarlo a nadie". Jura el señor, y el cartero le dice: "Tú sabes que nunca me he casado; soy soltero. Pero tengo una amiguita. Cuando quiero venir a pescar voy y le doy una sobadita. No sé por qué, pero el humor que despide su cuerpo —será eso de las feromonas— atrae a las truchas. Me basta poner las manos en el agua para que solitas vengan a ellas". El señor no dio crédito a aquella peregrina explicación. Pero al día siguiente volvió a pescar, y como no sacaba nada decidió poner en práctica el extraño método. Regresó a su casa. Su esposa estaba lavando en la cocina los platos del desayuno. Se acerca por atrás el señor y le da la sobadita que el cartero había descrito. Y dice la señora sin volver la vista: "Se ve que hoy no tienes mucha correspondencia que repartir".

AQUEL FUTBOLISTA SE llamaba Agapito, pero todo mundo le decía Pitillo. Defensa central del equipo de los Golfos, cometió en un partido una falta grave. El árbitro lo expulsó, y lo castigó también por el siguiente juego. Un periódico publicó la noticia con grandes titulares: "Los Golfos jugarán el próximo domingo con el Pitillo afuera".

FRENTE A LA librería se había formado una enorme cola. Centenares de ansiosos compradores pugnaban por adquirir un libro que se había anunciado así: "¡Traducido directamente del francés y lleno de ilustraciones! ¡Compre usted el libro *Mil Posiciones Diferentes*!" Asombrado, dice el dueño de la librería a uno de sus empleados, mientras registra en la caja la venta del enésimo libro: "Caray, Soberanes, jamás había visto tal éxito para un libro de ajedrez".

Enanos

CON DULCE VOZ le pregunta Blanca Nieves a uno de los enanitos: "¿Por qué ríen ustedes siempre cuando van caminando por el bosque?" Con la misma dulzura responde el enanito: "Porque las hierbitas nos hacen cosquillitas en los estitos".

CUANDO LOS SIETE enanitos llegaron a su casa advirtieron que alguien estaba en la alcoba del segundo piso. Para poder ver por la ventana se sube un enanito sobre los hombros de otro, y el tercero arriba del segundo, y así hasta que el séptimo enanito, subido arriba de todos los demás, se asomó por la ventana y pudo ver a Blanca Nieves. "¡Es una muchacha preciosa!" —dice en voz baja—. El enanito que estaba abajo de él pasa la voz: "¡Es una muchacha preciosa!" "¡Es una muchacha preciosa!" —se van diciendo los demás—. "¡Se está desvistiendo!" —dice el primero—. Y los otros: "¡Se está desvistiendo, se está desvistiendo, se está desvistiendo, se está desvistiendo, se está desvistiendo!" "¡Se está acostando!" —informa el enanito—. Y los demás: "¡Se está acostando, se está acostando, se está acostando, se está acostando, se está acostando!" "¡Tiene un cuerpo precioso!" —dice el enanito que veía por la ventana—. Y la voz se pasa hasta llegar al último: "¡Tiene un cuerpo precioso, tiene un cuerpo precioso, tiene un cuerpo precioso, tiene un cuerpo precioso, tiene un cuerpo precioso!" De pronto dice el enanito: "¡Se está levantando!" Y dicen los otros enanitos: "¡La mía también, la mía también, la mía también, la mía también, la mía también, la mía también!"

Espectáculos

UN CANTANTE DESCONOCIDO fue a Las Vegas a probar fortuna. Se presentó con el gerente de un hotel, y le pidió trabajo como cantante en su establecimiento. Cauteloso, le preguntó el gerente: "¿No es usted hipnotizador?" "No —replicó el recién llegado—. Soy cantante". Con temor inquirió de nuevo el otro: "¿De veras no es usted hipnotizador?" "No —respondió algo desconcertado el tipo—. Ya le dije que soy cantante". "Bien —le dice el gerente—. Vaya usted con mi director de espectáculos, y dígale de mi parte que le ponga una prueba". Cuando lo tuvo enfrente, el director, receloso, le preguntó al recién llegado: "Pero, ¿no es usted hipnotizador?" "No —volvió a decir el hombre cada vez más extrañado por la insistencia—. Soy cantante". "Entonces —le indica el director— pídale a nuestro pianista que le ensaye una canción". Fue, pues, el aspirante con el hombre que tocaba el piano, y éste, como con miedo, le volvió a preguntar lo mismo: "¿No eres hipnotizador?" "¡Caramba! —exclamó el cantante, ya irritado—. ¿Por qué todo mundo teme que yo sea un hipnotizador". "Voy a decírtelo —contesta el pianista—. La semana pasada recibimos en el hotel una convención de mil sacerdotes católicos y mil monjitas. Teníamos en nuestro show un comediante, pero a los cómicos se les pasa la mano a veces, y el auditorio era de gente religiosa. Así, contratamos en su lugar a un hipnotizador. El tipo era fantástico: en 10 minutos hipnotizó a todo el público. Los dos mil asistentes quedaron totalmente bajo su influjo hipnótico. De pronto el hipnotizador tropezó en el escenario. Sin contenerse dijo en el micrófono: 'Fuck!' El público, hipnotizado, creyó que aquello era una orden. ¡Y no te imaginas la que se armó!"

NALGARINA TETONIER, *VEDETTE* de moda, tenía una actividad sexual tan intensa que cada una de sus rodillas pensaba que era la única.

EL REPORTERO ENTREVISTABA a la Nalgarina Grandchichier, *vedette* de moda. "¿Cuántos maridos has tenido?" —le preguntó. "¿Aparte de los míos?" —preguntó ella a su vez.

BUSTOLINA GRANDERRIÈRE, *VEDETTE* de moda, era entrevistada por un reportero de la prensa. "El arte no deja —declara Bustolina—. Yo vivo de lo que tengo depositado en el banco". Y así diciendo se levantó del banco donde estaba sentada y se alejó con mucha dignidad.

LE DICE UNA *vedette* a otra: "Tu nuevo pretendiente se ve ya señor grande". "Debe ser —responde la otra—. Todos los teléfonos que trae en su libreta son de urólogos".

BUSTOLINA GRANDCHICHIER, *VEDETTE* que había visto pasar ya sus días mejores, fue con su ginecólogo y le dijo: "Siento como unas bolas en mi busto". La revisa el especialista y dictamina: "No son bolas. Son las rodillas".

LE PREGUNTARON EN una fiesta a Nalgarina Tetonier, *vedette* de moda: "¿Sabes cuál es la diferencia entre un negro, un luchador, un político y un coche?" Lo piensa un rato Nalgarina y luego dice: "No sé. Nunca he estado abajo de un coche".

DOÑA COTILLA, ESPOSA del señor Porras, le pidió a su marido que la llevara a un cierto cabaret que estaba muy de moda en la ciudad. Sus amigas habían oído hablar de ese lugar, le dijo, y ella quería conocerlo. El señor Porras se resistió al deseo de su consorte. No era él, le dijo, hombre para andar en esos sitios. Estaba dedicado, lo sabía ella muy bien, a su trabajo de contable, labor que reclamábale todas las horas del día, y con frecuencia muchas de la noche. Pero ella se empecinó en su pretensión, y tal ardimiento puso en la demanda que el pobre señor Porras hubo de ceder al fin, cosa que siempre sucedía. Una noche —era jueves— el señor Porras y su esposa tomaron un taxi y fueron al ya citado cabaret. Cuando entraron en el local uno de los recepcionistas saludó al señor Porras con familiaridad: "Quihubo, Porritas". "¿Por qué te saludó así?" —pregunta con extrañeza doña Cotilla—. "De solteros vivimos en la misma colonia" —replica el señor Porras—. Al dejar los abrigos en la guardarropía la chica encargada saluda alegremente al recién llegado: "¡Hola, señor Porritas!" Amoscada, la esposa inquiere otra vez: "¿La conoces?" "Trabajó en la compañía hasta hace algunos meses" —responde el señor Porras—. Llega el capitán para llevarlos a su mesa. "Qué bueno que nos visita otra vez, amigo Porras" —le dice con gran confianza—. Doña Cotilla, suspicaz, interroga a su marido: "¿Acaso has estado aquí antes?" "No, —farfulla el señor Porras—. Seguramente me ha visto en otra parte y cree que he venido aquí". En ese momento empezó la variedad, y eso libró al nervioso señor Porras de enfrentar más cuestionamientos. Salen las coristas, todas muchachas atractivas, llenas de redondeadas curvas, y empiezan a bailar un animado galop. La *vedette* principal, mujer de ebúrneas carnes, y pomposas, baja del escenario, y sin dejar de cantar y contonearse va en derechura a la mesa en donde estaba el señor Porras. Se vuelve de espaldas a él y le presenta los hemisferios que en la vida cotidiana le servían para sentarse. Luego pregunta en alta voz y picaresco tono: "¿De quén chon estas cochitas?" Responden a coro las bailarinas y todos los presentes: "¡De Porritas!" El público rompe a aplaudir con entusiasmo; se escuchan voces de saludo y congratulación: "¡Hola, Porritas!" "¡Bravo, Porritas!" "¡Las traes locas, Porritas!" Doña Cotilla no puede aguantar más. Se pone en pie violentamente; agarra por la manga del saco a su marido y casi arrastrándolo sale con él del establecimiento entre las risas del culto público asistente. Aturrullado, el señor Porras llama en la puerta a un taxi de los que esperaban frente al cabaret. Mientras el vehículo se aproximaba la furiosa doña Cotilla llenaba de improperios y mamporros a su infeliz marido. Sube al taxi el señor Porras bajo el diluvio de bofetadas, molondrones, cachetes, soplamocos, guantazos, mojicones y zurridos que su fiera señora le asestaba. El taxista, con una gran sonrisa, le dice al desdichado: "Hoy se pescó una muy brava, señor Porritas".

BUSTOLINA GRANDERRIÈRE, *VEDETTE* de moda, requirió los servicios de un famoso abogado penalista. Quería presentar, le dijo, una denuncia contra un hombre. Inquirió el letrado al tiempo que tomaba una libreta de apuntes: "Acusación... ¿de qué?" Responde Bustolina: "El hombre me hizo tocamientos". "Ya veo —empieza a anotar el licenciado—. Atentado al pudor". "Luego —prosigue la *vedette*— me obligó a ir con él". "Entiendo —dice el profesional tomando nota—. Secuestro". "Seguidamente —continúa la cantatriz—, sació en mí sus bestiales y salvajes instintos de hiena, de chacal, de satánico canalla maldito sin conciencia" (Bustilia leía revistas policiacas. *N. del A.*) "Comprendo —escribe el abogado—. Violación". "Y por último —concluye la Granderrière— el muy imbécil tuvo el descaro de pagarme nada más mil pesos". El licenciado arranca la hoja donde había hecho sus anotaciones, la arruga y la tira al bote de la basura. "Lo siento, señorita Granderrière —dictamina—. Ese pago elimina de *iure* y de facto la comisión de los ilícitos supracitados. En virtud de que usted recibió dinero del supuesto acusado no hay atentado al pudor ni hay secuestro ni hay —todavía menos— violación". "Sí hay todo eso —lo contradice Bustolina—. El cheque rebotó".

TETONIA POMPINIER, *VEDETTE* de moda, tenía un agente que la representaba. Cierto día el agente se enteró de que Tetonia vendía sus favores en 500 pesos, y le dijo que él también quería disfrutarlos. "Está bien —acepta la Pompinier—. Pero tendrás que pagar, como todos". Esa noche el agente apagó la luz de la habitación y procedió a gozar los encantos de Tetonia a su satisfacción. Media hora después ella sintió que el hombre volvía a hacer lo mismo. Pasaron 30 minutos, y se repitió la acción. Media hora después de nuevo sucedió lo mismo. Y luego dos veces más. En la oscuridad exclama Tetonia con admiración: "¡Caramba! ¡No sabía que tenía un agente tan vigoroso para el amor!" "No soy tu agente —le responde una voz de hombre—. Él está en la puerta vendiendo boletos a 500 pesos".

HUBO UN TERRIBLE incendio en el hotel donde se alojaban Bustolia y Nalgarina, *vedettes* de mucha moda. Ellas alcanzaron a salir del edificio en llamas, y un entrevistador les preguntó en la calle: "¿Cuál es su impresión de la tragedia?" Contestan ellas: "Estamos sobrecogidas". "Sí —replica el entrevistador—. Pero, ¿cuál es su impresión de la tragedia?"

EL MAESTRO DE ceremonias del Neptuno, cabaret de rompe y rasga, anunció con sonorosa voz la variedad que el dicho establecimiento presentaría esa noche: "¡Bubushela, africana de fuego! ¡Koolyna, directamente desempacada de Hawai! ¡Shishona, triunfadora de Las Vegas! Y, si hay oportunidad, ¡¡¡el fabuloso Show del Pingüino!!!" Un borracho dice con tartajosa voz desde su mesa: "Yo quiero el Show del Pingüino". Respondió el locutor: "Si hay oportunidad, con todo gusto se lo ofreceremos". Empezó el espectáculo. Salió Bubushela. Y el briago: "¡Yo quiero el Show del Pingüino!" Siguió el número de Koolyna. Y el beodo, con gritos destemplados: "¡El Show del Pingüino! ¡El Show del Pingüino!" Apareció en escena la Shishona. Y el temulento, con grandes voces: "¡Quiero el Show del Pingüino!" En ese punto le dice el maestro de ceremonias: "¿De veras, señor, quiere usted el Show del Pingüino?" "Sí" —responde el tipo con la elocuencia propia del poseído por el etilismo—. "Suba por favor al escenario" —le pide el locutor. Trepa dificultosamente al foro el individuo. Prosigue el maestro de ceremonias: "Ahora, si es tan amable, bájese los pantalones y demás". El borrachín, algo desconcertado, pero terco en su demanda, obedeció, ante el regocijo del respetable público. "Ahora —lo instruye el locutor— trate de alcanzar a Shishona". El borracho, con movimientos entorpecidos por la ropa que traía en los tobillos, avanzó hacia la *vedette* al compás de una música chocarrera. "¡Señoras y señores! —se dirigió entonces el locutor al público—. ¡El Show del Pingüino!"

EL MAGO PRESENTABA su espectáculo en el pequeño pueblo. Contrató como su ayudante a una muchacha de la localidad, y para disfrazarla la vistió de odalisca, con velo en la cara y todo. La hizo salir al escenario, y anunció al público en tono grandílocuo y bombástico: "¡Y ahora, señoras y señoras, voy a desaparecer a esta hermosa hurí, la princesa Scherazada!" "¡Scherazada madres! —gritó indignado desde la galería un individuo—. ¡Es Colchonila, la única piruja que tenemos en el pueblo! ¡Y si la desapareces te las vas a ver con nosotros!"

NALGARINA GRANDCHICHIER, BAILARINA de moda, le dice a una compañera: "Mis piernas son mis mejores amigas". "¿Ah sí? —replica con intención la otra—. ¿Entonces por qué permites que te las separen tan frecuentemente?"

EL DIRECTOR DE cine estaba filmando una película pornográfica. Se trataba de una tórrida escena entre el fornido galán y la curvilínea actriz. Al terminar la filmación grita el director: "¡Corten!" Vuelve a gritar: "¡Corten!" Luego se vuelve hacia su ayudante y le dice: "¡Chin! ¡Échales otra vez la tina de agua fría!"

Sexo

LA SECRETARIA ROSIBEL le contó a su compañera de oficina lo que le había sucedido. "Entré en el cuarto del archivo —relató—. Estaba completamente a oscuras. Iba yo a encender la luz, pero en eso un hombre me tomó entre sus brazos, y arrojándome al piso me hizo ahí mismo el amor". "¡Qué barbaridad! —se consterna la otra—. ¿Y supiste quién fue?" "No —contesta Rosibel—. Pero debe haber sido algún jefe, porque yo tuve que hacer todo el trabajo".

¿QUÉ DICE UNA maestra al hacer el amor? "No lo hiciste bien. Tendremos que repetirlo de nuevo". ¿Y una enfermera? "Esto te va a doler un poquito". ¿Y una azafata? "Colóqueselo en nariz y boca, y respire normalmente".

DON GERONCIO, SEÑOR septuagenario, casó con Pomponona Tetonier, frondosa mujer célibe y en flor de edad. La noche de las bodas él se puso una piyama de franela, un gorro de dormir y unas medias de estambre. Con ese atuendo poco nupcial se metió en la cama, y se dispuso a dormir. Pomponona, ansiosa de conocer los goces de himeneo, recurrió a un eufemismo para dar a entender a su marido que esperaba algo de acción. "Mi amor —le dijo—, ¿no crees que deberíamos escribirle una cartita a la cigüeña?" "Me gustaría mucho, cielo mío —responde con feble voz el carcamal—, pero hace mucho tiempo se me acabó la tinta".

UN CIRCO PRESENTABA un acto insólito. El apuesto domador hacía entrar en una jaula a un terrible cocodrilo. A una orden, el saurio abría las espantosas fauces, y el domador ponía entre ellas su parte varonil, con evidente riesgo de que el cocodrilo cerrara de súbito las fauces y cortara lo que en tan alto aprecio tenía el valeroso artista. Cumplida aquella hazaña, el hombre se volvía hacia el público y preguntaba con tono desafiante: "¿Hay alguien que se atreva a hacer lo mismo?" De una de las últimas filas bajaba una ancianita, al tiempo que decía: "Yo, aunque no sé si pueda abrir la boca tan grande".

UN SEÑOR SE preocupó al notar disminuidas sus potencialidades amatorias. Acudió a la consulta de un facultativo, y éste le aconsejó que tomara una pastilla de Viagra. Para mejor garantizar los resultados el añoso paciente se tomó tres dosis, y luego, ya en su casa, llamó a su esposa a la recámara para embarcarse con ella a la isla de Citerea. (Esta frase: "embarcarse a la isla de Citerea", hace alusión al lugar de nacimiento de Afrodita, o sea Venus, la diosa del amor. Don Quintiliano Saldaña, autor de la obra *Siete ensayos de sociología sexual* [Madrid, Editorial Mundo Latino], dice que la expresión "embarcarse a la isla de Citerea" era un eufemismo culterano para no decir "joder", "follar" o cualquier otro vulgarismo de los muchos con que se suele designar al acto del amor. *N. del A.*) Le preguntó la esposa a su marido: "¿No quieres cenar?" "No —responde él—. No tengo apetito. Quizá se deba al Viagra". Por la mañana le preguntó la señora: "¿Quieres desayunar?" Otra vez contestó el hombre: "No tengo ganas. El Viagra debe haberme quitado el apetito". Por la tarde la señora le dice: "¿Ya se te antoja comer algo?" "Nada —respondió de nueva cuenta el individuo—. No tengo apetito; el Viagra debe habérmelo quitado". Por la noche ella le preguntó si quería cenar. Contestó él: "Te digo que el Viagra me quitó el apetito. No deseo cenar nada". En ese punto exclamó la señora con desesperación: "¡Entonces ya bájate de encima de mí! ¡Después de un día entero sin comer nada yo sí me estoy muriendo de hambre!"

SE CASÓ BLANCA Nieves con el príncipe. "¿Qué haremos ahora?" —preguntó uno de los siete enanos—. "Quién sabe —respondió otro—, seguramente volver a las manualidades".

UN HOMBRE SUFRIÓ un accidente, a consecuencia del cual perdió el cerebro. Los médicos dijeron a sus familiares que podían trasplantarle otro, pero el único disponible era de mujer. Todos estuvieron de acuerdo en que se lo pusieran, pues si andaba por ahí descerebrado corría el riesgo de acabar en alguna de las organizaciones que periódicamente hacen marchas y plantones en el Distrito Federal. Le pusieron los médicos al individuo, pues, aquella sesera de mujer. Tiempo después le preguntaban cómo le iba con su nuevo cerebro femenino. "Extraordinariamente bien —respondía él—. Ahora razono mejor, y pienso con más claridad que antes. El único problema es que cuando tengo una erección automáticamente me duele la cabeza".

UN BUZO IBA por el fondo del mar cuando descubrió a un grupo de bellísimas sirenas que jugueteaban en el interior de una caverna submarina. ¡Cuán hermosas eran! Describirlas sería incitar a la concupiscencia: cimbreantes sus cinturas; brunas sus largas cabelleras; sus carnes ebúrneas; de rosa y de marfil sus altos bustos. Lleno de gozo, entusiasmado, el buzo se acercó a la gruta. "¿Puedo pasar?" —le pidió a la que parecía estar a cargo de la reunión—. "Lo siento —responde la sirena—, no tenemos entradas".

Esposos

EL SEÑOR VOLVIÓ a entrar en su casa, pues había olvidado su cartera al salir al trabajo. Subió a la recámara y vio en el baño, por la puerta abierta, a su mujer, de espaldas, pesándose sin ropa en la báscula. Le da una nalgadita en el trasero y le pregunta, cariñoso: "¿Cuánto ahora, preciosa?" Responde la señora sin volver la vista: "Lo mismo que le cobré ayer, vecino: 700 pesos".

ANTE EL CONSEJERO matrimonial una señora se quejó de que su esposo padecía eyaculación prematura. "¡No es verdad! —protestó el marido con enojo—. ¡Nuestra última noche de amor duró más de dos horas!" "Es cierto —reconoce ella—. Pero eso incluyó la cena en restorán y un show".

EL SEÑOR SALIÓ de su trabajo a media mañana, pues le dolía la cabeza, y fue a su casa. Entró sin hacer ruido y vio a su señora muy atareada, de bruces en el jardín. Llegó por atrás, y abrazándola le demostró un ardiente amor. Terminado el trance le dio un furibundo mamporro en la cabeza. "¡Oye! —protestó la señora dándose la vuelta—. ¿Por qué primero me muestras tanto amor y luego me tratas así?" Responde el marido hecho una furia: "¡Porque ni siquiera volteaste a ver quién era!"

SUENA EL TELÉFONO en la oficina del agente de bolsa. "Tengo una situación —le dice el tipo al otro lado de la línea—. A mi esposa le ha dado por salirse en las noches, tener aventuras con los hombres y cobrarles por eso". "Mire, señor —dice el agente de bolsa—, mi número telefónico es muy parecido al del doctor Duerf, el psiquiatra. Creo que con él es con quien quiere usted hablar. Yo soy agente de bolsa". "No —responde el tipo—. Quiero hablar con usted. Necesito que nos aconseje cómo invertir las ganancias de mi señora".

DON MARTIRIANO FUE a una despedida de soltero. Resultó que alguien llevó varias muchachas de conducta fácil. El atribulado señor llamó por teléfono a su esposa. "Jodoncia —le dice—. En la fiesta hay mujeres. ¿Qué debo hacer?" Le responde ella: "Si crees que puedes hacer algo regresa inmediatamente a casa".

LOS SOCIOS DEL Club de Nudismo tuvieron su fiesta de fin de año. Al comenzar el baile las cosas se pusieron muy agitadas. Llega la hora de la cena y se levanta el presidente para decir su discurso. "Siento una extraña sensación al dirigirme a ustedes" —comienza emocionado—. Le dice en voz baja su mujer: "Es que tienes metido aquello en el bol del ponche".

MS. LOUSYLAY ERA una mujer muy fría. En cierta ocasión viajó a Honolulu, y conforme iba pasando su avión sobre las islas hawaianas se iba helando la cosecha de piña. Jamás se había visto ese fenómeno al sur del Trópico de Cáncer. Ni en Hawaii ni en Oahu ni en Maui quedó piña ni para rellenar una empanada. Hace unas noches su marido, Mr. Starving, le pidió la celebración del acto matrimonial. La última vez que Ms. Lousylay cedió a esa instancia fue cuando Jesse Owens corrió los 100 metros planos en 10 segundos con 3 décimas (1936). Al escuchar la nueva solicitud Ms. Lousylay se negó: adujo que era inmoral refocilarse en devaneos amorosos cuando había guerra en Afganistán. ¡Insensata! La relación marido-mujer (o mujer-marido, según como se pongan) no es devaneo: es sacro cumplimiento de una norma al mismo tiempo eclesiástica y civil. Por otra parte el dicho conflicto bélico es, en efecto, motivo de preocupación, pero no tanto que impida la celebración de un acto por el cual se perpetúa la especie, tienen sedación los naturales impulsos de la concupiscencia y encuentran legítimo solaz los maridados. Afligido, el infeliz esposo fue al bar donde solía buscar consuelo a sus dolores. El cantinero, muy dado a novedades, había comprado una maquinilla para hacer cubitos de hielo de forma original, y recibió a Mr. Starving con una pregunta: "Señor: ¿conoce usted esos cubos de hielo con un agujerito en medio?" "¿Que si los conozco? —mascula mohíno Mr. Starving—. ¡Estoy casado con uno!"

Don Cornulio le cuenta a un amigo: "No sé qué hacer con mi señora. Quiere estar haciendo el amor a todas horas". "Oye —se sorprende el amigo—. Muchos hombres estarían felices con una mujer así". Responde apesadumbrado don Cornulio: "Lo están, lo están".

Aquellos dos sultanes tenían su harén, cada uno de 300 hermosas odaliscas. Le pregunta uno al otro: "¿Cómo haces para escoger a la mujer con quien pasarás la noche?" Responde el sultán: "Las pongo en fila y voy tocando a cada una con el dedo humedecido en saliva. La que al tocarla hace '¡tzzzz!' y echa humito es la escogida".

El señor se dispuso a hacerle el amor a su mujer. Apenas había comenzado los prolegómenos del foreplay cuando ella empezó a quejarse de la crisis económica. "Todo subió —decía mientras él se empeñaba en vano en suscitar el interés erótico de su pareja—. Subió el teléfono, subió la luz..." Seguía el marido en sus intentos por encender en ella la llama de la pasión sensual. Pero la señora, lejana e indiferente, seguía en sus quejumbres: "Subió también el gas, subió la comida, subió todo". "No todo —le dice el hombre cesando en sus intentos—. Acabas de conseguir que algo baje".

NO SÉ QUÉ le ves a esa mujer —dice la fiera esposa a su marido que se ha quedado lelo viendo a la curvilínea chica con bikini. Quítale la cara bonita, el pelo rubio, los ojos azules, el busto grande, la cintura delgadita, las caderas curvas, las piernas bien torneadas y ¿qué queda?" "Tú" —responde el marido—.

EL SEÑOR OYÓ decir que su vecino tenía una terrible jaqueca. Va a buscarlo y le pregunta: "¿Cómo está tu dolor de cabeza?" "Salió con los niños" —contesta el tipo—.

DOÑA GORGOLOTA NO acababa de pintarse. Le advierte su marido: "Se nos va a hacer tarde, mujer". Media hora después ella aún seguía maquillándose. "Llegaremos con retraso a la cena" —repite el impaciente esposo—. Pasó media hora más y Gorgolota permanecía ante el espejo. En eso suena el teléfono. Lo contesta el señor. "Ya vamos —dice—. Lo que pasa es que hay gentes que no saben darse por vencidas y reconocer honestamente una derrota".

EL SEÑOR Y la señora fueron con el consejero matrimonial y le dijeron que su vida amatoria era muy pobre. "Deben ustedes ejercitar la fantasía —les dice el consejero—. La próxima vez imagínense que están en un barco en medio del mar. Eso les ayudará a sentirse mejor y a disfrutar más de todo". Una semana después el consejero llama por teléfono a la señora. "¿Cómo van las cosas?" —le pregunta—. "De mal en peor" —responde ella—. "¿No hicieron aquello que les dije —le pregunta el consejero—, de imaginarse que iban en un barco en alta mar?" "No lo hicimos, —responde la señora—. Mi marido no pudo levantar la vela".

LA SEÑORA LEÍA una revista. Le dice a su marido: "Mira, viene aquí un artículo muy interesante *Cómo tener unas buenas caderas en*

diez días". "Préstamelo —pide inmediatamente el salaz tipo—. Yo tengo más de un mes tratando de pescar unas y todavía no lo he conseguido".

LA ESPOSA LLEGÓ a su casa por la noche. Venía molida del trabajo y lo único que quería era meterse en la cama para entregarse al sueño. Su marido, empero, alentaba urgentes impulsos de libídine, y así se acercó a ella con muestras de erótico deseo y voluptuosa solicitación. "Esta noche no, Pitoncio —le dice la señora—. Vengo muy cansada; todo el día me lo pasé de pie". Replica el individuo: "Pero no lo vamos a hacer parados".

EL SEÑOR Y la señora se iban a divorciar. Dividieron por mitad todos los bienes que tenían, pero se encontraron con el problema de que los hijos eran tres, y no los podían repartir entre los dos. "Vamos a hacer una cosa —propone la señora—. Vivamos juntos un año más hasta que tengamos otro niño. Entonces nos repartiremos dos y dos". "¿Y si tenemos gemelos?" —pregunta el señor—. "¡Ay, sí, gemelos! —se ríe sarcásticamente la señora—. ¡Si nada más contigo lo hubiera hecho ni siquiera tendríamos los tres hijos que tenemos!"

EN LA SALA de espera de la maternidad los dos futuros papás aguardaban ansiosamente noticias de sus respectivas esposas. "A mi mujer se le ocurrió aliviarse en el peor momento —dice uno—. Estábamos de vacaciones". "La mía estuvo peor —responde el otro—. Estábamos de luna de miel".

EL DUEÑO DEL hotelito familiar le dice a su señora: "El tipo de la habitación 14 llamó para pedir que le mandemos una mujer". "¡Éste es un hotel decente! —se indigna ella—. ¡Voy a exigirle que se vaya!" A poco volvió la señora toda desgreñada. Atrás de ella venía el individuo. "¡Qué mal servicio tienen! —le reclama al señor—. Nomás porque andaba yo muy necesitado me tiré a la vieja que me mandaste, pero a ver si la próxima vez me consigues otra que no sea tan fea y que tenga mejor carácter".

DECÍA UN SUJETO: "En cuestión de sexo mi mujer es fabulosa". "¿De veras?" —se interesa uno—. "Sí —confirma el individuo—. Todas las noches me saca una fábula distinta: que le duele la cabeza; que está muy cansada; que se pueden despertar los niños..."

"MI MUJER ES frígida" —dice un tipo al médico—. "¿Qué base tiene usted para afirmar eso?" —pregunta el doctor—. Y responde el tipo: "Bueno, cuando abre las piernas se le prende un foquito".

LA SEÑORA ESTABA orgullosa porque le habían terminado su casa. "¿Y tienes dónde recibir a tus amigos? —le pregunta alguien—. "Naturalmente —responde ella—. Nomás en la planta alta hay cuatro closets".

⠌⠌

EN MEDIO DEL acto del amor el marido de doña Frigidia se levantó del lecho, tomó una flor del búcaro que estaba sobre el tocador y la puso en el pecho de su esposa. "¿Por qué haces eso?" —le pregunta asombrada la mujer—. "¡Santo Dios! —exclama el tipo con simulado asombro—. ¡Perdóname! ¡Pensé que estabas muerta!"

⌣

LE DICE UN tipo a otro: "Mi esposa es una pésima tenista. La última vez que jugamos le gané en dos sets seguidos, 7-5, 7-5. Y a la mañana siguiente le iba a dar la revancha, pero ese día tuvo al bebé".

LA ESPOSA DEL profesor Tapial, que era algo sordo, dio a luz un robusto hijo. Por los mismos días el profesor publicó un libro. Alguien lo felicitó en la calle: "Felicidades por su hijo". "Gracias —responde él—. No habría podido hacerlo sin la ayuda de todos mis alumnos".

DON CORNULIO SOLICITÓ el divorcio. "¿Por qué pretende usted romper el vínculo matrimonial?" —inquirió el juez—. Responde don Cornulio: "Mi médico descubrió que soy estéril de nacimiento". "Siento mucho su problema —replica el juzgador—, pero en todo caso quien debe alegar esa causal es su señora". "No lo hará —responde don Cornulio—. Está muy ocupada cuidando a los once hijos de nuestro matrimonio".

EL LIBRERO LE informa al comprador: "Me acaba de llegar un nuevo libro, *Qué hacer mientras llega el médico*". "¿Ah, sí? —se interesa el cliente—. ¿Y qué recomienda hacer?" Contesta el de la librería: "Recomienda hacerle el amor a la esposa del médico".

UN CIERTO INDIVIDUO y su señora cumplieron veinte años de casados. Jamás recordaba el tipo esos aniversarios, pero el vigésimo era tan importante que no pudo dejar de considerarlo, movido sobre todo por las constantes insinuaciones de su cónyuge. "Mira, viejita —le promete—. Cuando llegue la fecha te llevaré a celebrar en grande". En efecto, el día del aniversario dice el sujeto a su mujer antes de irse a trabajar: "Prepárate, mi amor. Vamos a ir a cenar al mejor restaurante de la ciudad; después iremos a bailar; luego a gozar de una buena variedad y al final a ver que más se nos ocurre, pues no creas que he olvidado que hace más de tres meses no se me ocurre nada". La señora se alegró muchísimo. Tan pronto su marido se fue al trabajo ella se dirigió a una sala de belleza y pidió tratamiento completo: masaje facial y corporal, manicure, pedicure, peinado, maquillaje especial, todo. Salió hecha un sol y fue a su casa a esperar a su consorte. El hombre, sin embargo, cometió el fatal error de decirles a sus amigos lo de su aniversario. "¡Esto merece una celebración!" —acuerdan todos—. Y después de mínima resistencia por parte del señor se lo llevan al más cercano bar, "al cabo que nomás una". No fue una. Fueron dos y tres y cuatro y muchas más. Cuando el hombre vio el reloj se dio cuenta espantado que eran las tres de la mañana. A todo correr subió a su automóvil y se fue a su casa. Cuando llegó a la cochera oyó al bajar del coche un ruido sibilante: "Zzzzzzzz". Pensó: "Se le está saliendo el aire a una llanta". Pero no; no era eso. Y se seguía oyendo el ruido: "Zzzzzzzzzz". "Dejarían abierta la manguera" —imaginó—. Tampoco: la manguera estaba cerrada. Y el extraño ruido continuaba: "Zzzzzzzzzzzzzz". "Ha de ser en el baño" —creyó haber adivinado por fin—. Fue, y tampoco: el ruido no salía de ahí. En absoluto silencio escuchó: "Zzzzzzzzzzzzzzzzzzzzz". El silbido parecía venir de la parte de arriba de la casa. Uno por uno fue subiendo los peldaños de la escalera. En efecto, el sonido salía de la recámara. ¿Qué podría ser aquel ruido misterioso, aquel extraño susurro que no podía identificar? Entró en la alcoba, cauteloso. Y ahí estaba su mujer, vestida todavía, sentada en el banquito del tocador, con bolsa en mano, en actitud de espera. Cuando entra su marido le dice entre dientes con acento de infinito rencor y odio terrible: "¡Zzzzzzzzzzzzzzzzzziiiiiiiiiiiinnnnnnnnnnnnngga a tu mmmmmmmmmmmmmaaaaaaaaaaaadre!"

Don Martiriano, tímido señor, conducía su automóvil. En el asiento de al lado iba doña Jodoncia, su tremebunda esposa, y atrás su suegra, doña Aracnia. Las dos importunaban de continuo al pobre hombre con indicaciones. Doña Jodoncia: "¡Maneja más despacio, Martiriano!" Doña Aracnia: "¡No dé las vueltas tan aprisa!" Doña Jodoncia: "¡Cuidado con esa bicicleta!" Doña Aracnia: "¡No se acerque tanto a los postes!" Por fin, harto de las mil recomendaciones que alternativamente le hacían una y otra vez su esposa y su suegra, don Martiriano detiene el automóvil, y volviéndose hacia su mujer le dice con enojo: "¡Bueno, mujer! ¿Quién va manejando? ¿Tú o tu mamá?"

EL SEÑOR LLAMA por teléfono desde la oficina a su esposa: "Arréglate, vieja —le dice—. Me regalaron dos boletos para el teatro". "¡Qué bueno! —se alegra ella—. En este mismo momento comienzo a arreglarme". "Y apenas vamos a librar —dice el marido—. La función es mañana".

DON CORNULIO LLAMA aparte a su mujer y le pregunta con solemnidad: "Dime la verdad, Mesalina: ¿eres bruja?" "¿Bruja? —se asombra la mujer—. Claro que no soy bruja. ¿Por qué me dices eso?" Explica don Cornulio: "Es que he oído contar que las brujas convierten a los hombres en animales, y mis amigos me dicen que me estás haciendo buey".

LE COMENTA UNA señora a otra: "Mi marido cree en la vida después de la muerte". "El mío —dice la otra— no cree ni en la vida después de la cena".

CONTABA EL MARIDO de doña Uglilia: "Mi esposa fue a una clínica de belleza. Le aplicaron una máscara de lodo para mejorarle el cutis, y quedó realmente muy bien". "¿De veras?" —se interesa una de las señoras que escuchaban—. "Sí —confirma el tipo—. Lo malo es que una hora después se le cayó la máscara".

UNA SEÑORA RECIBIÓ una pequeña herencia y con ella construyó un local comercial con dos oficinas: una que daba al frente de la calle y otra a la parte de atrás. Su marido tenía una tiendita, y se iba a cambiar al local del fondo. El del frente se rentaría para percibir un alquiler mayor. Así, la señora puso un letrero en el aparador. Se presentó un hombre: "Señora —le dice—, entiendo que va a rentar la parte de adelante". "Efectivamente —contestó ella—. La parte de adelante la tengo en renta". "¿Y por qué no renta también lo de atrás?" —pregunta el caballero—. "No —responde la señora—. Eso es nada más para mi marido".

"VIVO EN UNA casa de interés social. Las paredes son tan delgadas que la otra noche le pedí a mi esposa que hiciéramos el amor, y cuatro señoras me contestaron que les dolía la cabeza".

LA ESPOSA DEL científico entra sin anunciarse en su laboratorio y, ¡oh, sorpresa!, encuentra a su marido en flagrante trance de amor con su guapa y joven ayudante. "¡Qué es esto, Bunsenio!" —le reclama hecha una furia—. "Ni te hagas, Burcelaga —le responde con toda calma el hombre—. Acuérdate que te dije que estaba tratando de producir la vida en condiciones de laboratorio".

EN MEDIO DE la noche el marido se levanta dormido de la cama. Le dice su señora: "Ya ni le hagas al sonámbulo, Eleuterio. Esta tarde despedí a la muchacha".

AQUEL NEOYORQUINO ESTABA viendo por la tele una ceremonia religiosa transmitida desde el Vaticano. "Ahora —informa el narrador—, Su Santidad el Papa se dispone a bendecir a los cardenales". "No le cambies —pide el tipo a su esposa—. A lo mejor ahorita bendice a los Mets".

EL MARIDO REGRESA a su casa antes de tiempo y encuentra a su señora en posición más que comprometida con un desconocido. "Pero, Cornulio —explica la mujer ante la furia del esposo—. Tú mismo me has dicho que no te gusta que esté en la cama sin nada encima".

"ESTOY MUY SENTIDO contigo, Capronio —le dice doña Burcelaga a su marido—. Toda la noche, mientras dormías, me estuviste diciendo maldiciones". "¿Y quién te dijo que dormía?" —masculla hosco don Capronio—.

UN SEÑOR Y su esposa iban a viajar a París, donde permanecerían algún tiempo con motivo de los negocios de él. Decidieron ponerse a estudiar francés antes del viaje, e hicieron un acuerdo: usarían el método de "inmersión total"; no hablarían sino en francés y no leerían nada que no estuviera escrito en ese idioma. Así empezaron, sin hablar ni escribir más que en la lengua de Racine, pero un día a la señora le dieron ganas de leer el periódico de la localidad. Leyéndolo estaba, no sin cierto sentimiento de culpa, cuando llegó el marido. Al ver lo que leía su esposa le preguntó en francés algo que la turbada mujer entendió así: *"Que's quel asai?" "Excuse moi, mon cher* —le respondió—. *Je ne comprends pas".* El señor volvió a enunciar la pregunta: *"Que's quel asai?"* Ella no lograba entender, por más esfuerzos que hacía. *"Je ne sais pas* —repite desesperada estrujando en sus manos el periódico—. *Je ne peux me souvenir de la signification des mots: Que's quel asai?"* "No seas indeja —le dice entonces el marido—. Te estoy hablando en español. ¿Qué esquelas hay?"

DECÍA JACTANCIO: "SIEMPRE logro que mi mujer grite como loca después de haber hecho el amor". "¿Cómo le haces?" —se interesa un amigo—. Responde Jactancio: "Le hablo por teléfono y le digo dónde y con quién lo acabo de hacer".

UNA SEÑORA FUE al hospital de la ciudad. Su marido llevaba desaparecido una semana y le dijeron que tenían en la morgue el cuerpo de un hombre que había perecido en un accidente, y cuyas características respondían a la descripción que ella dio de su esposo. La conducen al sitio donde estaba el cuerpo y el forense descubre el rostro del difunto. "No estoy segura" —vacila la señora—. El forense descubre todo el cuerpo. "No, no es —dice entonces la mujer—. Pero alguna por ahí sufrió una pérdida muy grande".

EN MEDIO DEL acto del amor le dice a Frigidia su marido: "Me gustas para jugadora de ajedrez". "¿Por qué?" —se extraña ella—. Responde el individuo: "Porque haces un movimiento cada media hora".

IMPERICIO Y SU esposa Pirulina iban por un callejón. Les salió al paso un individuo y sació en Pirulina sus instintos libidinosos mientras con una pistola mantenía a raya a Impericio. Pasado el terrible trance le dice éste a su mujer con dolorida voz: "Lo que más me dolió fue ver que te movías y agitabas como nunca has hecho conmigo". "Viejito —responde Pirulina—. Al mal paso darle prisa".

EL SEÑOR REGRESÓ a su casa de un viaje, y al entrar en la recámara vio a un individuo sin ropa y a su esposa en estado de gran agitación. Antes de que el señor pueda abrir la boca le dice aquel sujeto: "Soy representante del Banco Internacional Hipotecario, y le estaba diciendo a su esposa que así como estoy yo lo vamos a dejar a usted si no nos paga el crédito vencido que tiene con nosotros".

EN EL BAR le dice un tipo a otro: "Me he dado cuenta de que tienes mucho éxito con las mujeres, Casanovio. ¿Cómo le haces?" Revela el individuo: "Es que cuando llego a la alcoba de una de mis amigas grito como Tarzán. Eso la excita de tal manera que lo demás resulta fácil". El tipo se encaminó a su casa, feliz con la posesión de aquel preciadísimo secreto. Al entrar en su recámara lanzó el famoso alarido de Tarzán, y después de golpearse el pecho como el hombre mono se lanzó de clavado a la cama. En la oscuridad de la alcoba dijo la señora con pasional acento:

"¡Qué emoción! ¡Nomás que sea rapidito, Casanovio, porque ya no tarda en llegar aquel!"

LE COMENTA DON Languidio a su señora: "Estuve con el mecánico, y dice que mi coche no funciona porque se le agotaron las baterías". "¡Mira! —exclama la señora—. ¡Qué cierto es eso de que todas las cosas se parecen a su dueño!"

DOS ALTOS LORES ingleses estaban charlando en su elegante club. Dice uno: "Creo que mi esposa se propone regalarme un caballo en mi cumpleaños. Ayer encontré una silla de montar abajo de la cama". "¡Ah! —exclama el otro muy contento—. ¡Entonces la mía me va a regalar un automóvil! ¡Ayer, abajo de la cama, encontré a un mecánico!"

EL REY Y la reina visitaban una aldea de sus dominios. Vieron ahí a un campesino con su esposa y una gran cantidad de niños. "¿Todos son tuyos, buen hombre?" —preguntó la reina. "Sí, Majestad —respondió orgulloso el campesino—. Soy padre de 19 hijos". "¡Vaya! —exclamó la soberana con una sonrisa dirigiéndose al rey—. ¡Deberíamos darle a este hombre un condado!" Dice muy enojada la esposa del campesino: "El doctor ya le dio uno, pero él nunca se lo pone, y seguimos teniendo hijos".

"EL PLACER ES momentáneo, la posición ridícula, y el gasto de energía considerable". Eso dijo lord Chesterfield hablando del acto del amor. Sin embargo, dicen los italianos, el sexo es la ópera del pobre, es decir, de aquel que no puede obtener de la vida otro placer que el derivado del instinto de la generación. Don Fecundino era padre ya de 14 hijos, y no tenía lo necesario para alimentarlos bien. Una trabajadora social lo amonestó. "Conténgase, don Fecundino —le dijo con acento severo—. Cuando sienta ganas de hacer el amor con su mujer piense que quizá tendrá que alimentar una boca más". "Señorita —replicó él—: cuando siento ganas de hacer el amor con mi mujer pienso que puedo alimentar a toda la República Mexicana".

DOÑA MACALOTA LLEGÓ a su casa y sorprendió a su esposo, don Chinguetas, en brazos y lo demás de una guapa chica. Le explica a su consorte don Chinguetas: "Encontré a esta pobre muchacha en la carretera. La vi tan necesitada de ayuda que la traje a casa, y le di de cenar. Traía los zapatos tan gastados que le di unos que no te has puesto nunca. Su vestido estaba tan raído que le di uno que no usas desde hace mucho tiempo. Su suéter estaba tan lleno de parches que le regalé uno que ya no te pones. Ya se iba, pero entonces se dio la vuelta y me preguntó: "Dígame, señor: ¿hay algo más que su señora ya no quiere usar?"

LLEGÓ DON ASTASIO a su casa y, como de costumbre, halló a su esposa Facilisa en compañía de un desconocido. En esta ocasión la pecatriz estaba con un enano. Tan grande fue la impresión de don Astasio al toparse con aquella inusitada vista que ni siquiera acertó a sacar la libreta donde tenía apuntados los denuestos que a su mujer decía en tales ocasiones. Lo único que pudo decir fue: "Mujer infiel!" Respondió con toda calma doña Facilisa: "Medio infiel, nada más. Fíjate con quién estoy".

UN INDIVIDUO LLORABA desconsoladamente frente a una tumba cuya lápida tenía un nombre masculino. Gemía una y otra vez: "¿Por qué te fuiste? ¿Por qué tuviste que morir?" Una dama que pasaba se conmovió al ver la pena del doliente. "Perdone, caballero —se dirige a él—. ¿A quién llora usted con tanta pena, y después de tantos años? ¿Quién está en esa tumba? ¿Es su difunto padre? ¿Un hermano? ¿Algún amigo?" "No —contesta entre lágrimas el tipo—. Es el primer marido de mi esposa".

EN LA TIENDA le dice un tipo a la lindísima encargada: "Quiero unos guantes para mi señora". "¿Qué medida usa?" —pregunta la muchacha. "No sé" —responde el hombre—. Le pide ella: "Ponga usted su mano sobre mi mano, y dígame si la de su esposa es mayor o menor". El sujeto pone su mano sobre la de la chica y le dice: "La de mi esposa es un poco más grande que la de usted". "Muy bien —dice la chica—. Déjeme buscar el tamaño exacto". Se apresura a decir el tipo. "También necesita *panties* y brasieres, pero tampoco sé la medida".

DON INEPCIO PINTÓ la pared de la cocina. Le dice su mujer: "La pintaste en la misma forma en que me haces el amor". "¿Cómo?" —pregunta él, receloso—. Contesta la señora: "Rápido, mal, y yo misma tuve que terminar el trabajo".

LORD FEEBLEDICK ATRAVESÓ por una grave crisis económica. Le dijo a su mujer: "Deberás aprender a cocinar. Así podremos prescindir de la cocinera". Replicó lady Loosbloomers: "Y tú deberás aprender a hacer el amor. Así podré prescindir del albañil, del bedel, del carpintero, del chofer, del doctor, del estudiante, del fontanero, del guardabosque, del herrero, del impresor, del jardinero, del limpiabotas, del mesero, del nutriólogo, del oficinista, del portero, del quesero, del repostero, del sastre, del topógrafo, del usurero, del valet y del zapatero".

LA VECINA PASÓ frente a la casa de Capronio. Iba vestida con brevísima falda de verano —de ver...—; llevaba un escote hasta el ombligo; lucía medias de malla y zapatos de tacón dorado; traía bolsa de chaquira. Comentó la señora de Capronio: "Seguramente va de compras". Y acotó éste: "Más bien parece que va de ventas".

LIBERTY SHANE, FAMOSO pistolero del oeste, acostumbraba grabar una muesca en la cacha de su pistola por cada hombre que caía bajo sus certeros y rápidos disparos. Una vez hizo un largo viaje a Laramie. Cuando volvió a su casa después de varios meses entró en la alcoba, paseó una mirada recelosa por la habitación, y luego, amoscado, le preguntó a su esposa: "¿Qué significan esas muescas en la cabecera de la cama?"

DOÑA GORGOLOTA, FIERA mujer, le dice a su marido: "Mis amigas me contaron que te vieron con una vieja del brazo y por la calle. ¿Cómo te atreves a mirarme a la cara?" "Mujer —replica con mansa voz el casquivano cónyuge—, con el tiempo se acostumbra uno a todo".

EL VENDEDOR CONTÓ en el pueblo que había buscado cinco veces a Bucolio en su granja, y no había podido dar con él. Al parecer el sujeto nunca estaba ahí. "La próxima vez que lo busque —le aconsejó un lugareño— deje su vehículo unos dos kilómetros antes de llegar a la granja, y luego camine. Así hallará a Bucolio". El vendedor preguntó, intrigado: "¿Por qué debo hacer eso?" Le explica el otro: "Hace un año un forastero llegó en automóvil a la granja, y la esposa de Bucolio huyó con él. Ahora cada vez que llega alguien en coche Bucolio se esconde, porque piensa que es el forastero que ha vuelto para regresarle a su mujer".

DOÑA POMPONONA LE contó a su marido: "Anoche tuve un sueño. Había una gran venta de partes de varón. Las grandes las daban a mil pesos; las medianas a quinientos, y las pequeñas a cien". Pregunta el esposo: "¿Cuánto costaba una como la mía?" Responde, burlona, la mujer: "Ésas las estaban regalando". Dice entonces el señor: "Yo también tuve un sueño. Había una gran venta de pompas de mujer. Las pequeñas las daban a cien pesos; las medianas a quinientos, y las grandes a mil". Pregunta doña Pomponona: "¿Cuánto costaban unas como las mías?" "Las tuyas no se vendían —replica el marido—. Sobre ellas se estaba llevando a cabo la venta".

"ME GUSTARÍA TENER bubis más grandes —le dijo una señora a su marido—, pero me da miedo someterme a una operación quirúrgica". Le sugiere el individuo: "¿Por qué no te frotas el busto con tus *panties*?" La señora, amoscada, pregunta: "¿Acaso con eso me crecerán las bubis?" "Supongo que sí —dice el esposo—. Mira las pompas cómo se te han puesto".

EL MÉDICO LE dice a la mujer que iba a dar a luz: "Llamaré al papá de la criatura, para que esté presente en el alumbramiento". "No creo que sea una buena idea, doctor —se preocupa la parturienta—. Él y mi marido no se llevan muy bien".

LA ESPOSA DE B.B. Rey, famoso artista, decidió darle una sorpresa con motivo de su cumpleaños. Fue con un experto tatuador y le pidió que le pusiera una B en una pompa, y una segunda B en la otra. Cuando llegó la fecha de la celebración la señora se plantó ante su célebre marido, que estaba en la sala de la casa leyendo su periódico. De espaldas a él se levantó las faldas. Inclinada, le mostró el tatuado nalgatorio. B.B. Rey mira aquello y luego le pregunta, suspicaz: "¿Quién es Bob?"

DOÑA JODONCIA DIJO en la reunión de damas: "Mi esposo, que representa aquí al sexo débil..." Una señora la corrigió: "Querrás decir al sexo fuerte". "No —contesta doña Jodoncia—. Al sexo débil. Así lo tiene él".

DON LANGUIDIO, SEÑOR de edad madura, leía el periódico en la sala. Le dice a su mujer: "Van a crear un seguro contra el desempleo". "Asegura tu parte varonil —sugiere ella—. Siempre está desempleada".

LORD FEEBLEDICK LLEGÓ a su casa y encontró a su mujer, lady Loosebloomers, en íntimo coloquio con Wellh Ung, el guardabosque. Ofendido en su orgullo y en su honor, lord Feebledick prorrumpió en altísonos dicterios de carácter mitológico-histórico. "¡Eres una Mesalina! —le gritó a su mujer—. ¡Una Xantipa, una Thais, una Pasifae, una Teodosia, una Friné!" Replica milady con enojo: "¡Ahora sí estoy arreglada! ¡Éste en celo, y tú celoso!"

DON FRUSTRACIO, ESPOSO de doña Frigidia, comentaba: "Encuentro cierto parecido entre el buen sexo y la langosta Thermidor con guarnición de *mamaliga* rumana, espárragos alsacianos y caviar del Caspio. Ninguno de los dos los puedo tener en casa".

UNA SEÑORA RECIBIÓ en el lecho conyugal a su marido con el acostumbrado: "Esta noche no, querido. Me duele la cabeza". "Precisamente —responde él—. Sabiendo que me dirías eso fui al baño y me puse ahí polvos de aspirina".

DON MARTIRIANO, EL esposo de doña Jodoncia, estaba triste. Un amigo le preguntó: "¿Qué te sucede?" "Tuve una pelea con mi mujer —explica él— y me dijo que iba a dejar de hablarme durante treinta días". "Vamos, vamos —lo consuela el amigo—. Eso no es como para estar tan triste". "Claro que sí —replica don Martiriano al borde de las lágrimas—. Hoy es el último día".

DON LANGUIDIO LEÍA un libro sobre Freud. Le comenta a su esposa: "Aquí dice que el sexo es la fuerza principal que impulsa al mundo". "Quizá —responde la señora con tono acre—. Pero tú ya no estás empujando nada".

EL AGENTE DE seguros le dice a la mujer: "Pero, señora: no puede usted cobrar el seguro de vida de su esposo. Todavía no está muerto". "¿Que no? —replica airada la mujer—. ¡Si lo viera en la recámara!"

AFRODISIO PITONGO, GALÁN proclive a la concupiscencia de la carne, conoció en el bar Bilindo a una linda chica, y le hizo la natural proposición. "No, gracias —declinó ella—. Podrá parecerte extraña mi conducta, pero me estoy conservando virgen para poder entregarme pura al hombre de quien me enamoraré". "¡Caray, te felicito! —exclamó Pitongo con sincera admiración—. En estos tiempos ha de ser muy difícil conservarse así". "La verdad, no es tan difícil —respondió ella—. El que está muy molesto es mi marido".

"QUERIDA DOCTORA CORAZÓN: cada vez que mi marido y yo estamos en la intimidad él cierra los ojos de principio a fin. A mí me da pena preguntarle por qué. ¿Podría usted explicármelo? Desesperada". "Querida Desesperada: para poder contestarte necesito una fotografía tuya. Atentamente. La Doctora Corazón".

CIERTA SEÑORA LE tenía un apodo a su marido. Le decía el Torero. Y explicaba la razón del mote: "Después de cada cogida se pasa seis meses sin actividad".

LA VIDA SEXUAL de don Inepcio y doña Freda era muy aburrida. Hacían el amor una vez por semana, siempre los sábados, e invariablemente de 9.10 a 9.13 en punto de la noche, aprovechando los comerciales del programa televisivo *La ruleta del saber*, concurso de preguntas y respuestas. Interrogaba el conductor: "¿Qué significa la palabra 'ménsula'?" Arriesgaba el concursante: "¿Pendéjula?" y ellos ya habían terminado. Tan rápida era aquella efímera coición que en las noches sabatinas don Inepcio no se ponía piyama para ir al lecho conyugal: vestía traje de jockey. Todo se reducía a un acelerado *in and out*. Tampoco doña Freda ponía nada de su parte. Su ginecólogo le preguntó una vez: "¿Es usted sexualmente activa?" "No —respondió ella—. Nada más me pongo". En cierta ocasión su marido se equivocó de día, y un viernes le anunció que iba a hacerle el amor. "Sobre mi cadáver" —se opuso ella—. Hoy es viernes". "También sobre tu cadáver lo hago el sábado" —replicó don Inepcio. Algo le disgustaba a este señor: mientras él se afanaba —siquiera brevemente— en ese yogar desangelado, su mujer cumplía otros menesteres: comía pinole; resolvía un crucigrama; tejía un suéter de estambre. "Para ocuparme en algo", explicaba. Ni siquiera imitaba a su majestad británica, la reina Victoria, quien confesaba a sus amigas que cuando el príncipe Alberto, su consorte, le hacía el amor, ella cerraba los ojos y se ponía a pensar en Inglaterra. A doña Freda no se le ocurría pensar en México, a pesar de la difícil situación por la que el país atraviesa hoy. Hubo sábados en que se dedicó a leer los informes del Plan Quinquenal Agrícola de Novgorod. Dijo que eso era más divertido que la cuestión sexual. Para aquel matrimonio, entonces, el connubio carecía de interés. "¿Qué te sucede?" —le preguntaba a su esposa don Inepcio en el curso de aquellos efímeros contactos—. ¿Tampoco tú puedes pensar en otra persona?" ¡Qué pena! Había más sexo en las apreturas del Metro que en el trato carnal de don Inepcio y doña Freda. Y sin embargo hay muchas formas de enriquecer el gozo que deriva de la íntima relación de la pareja. La doctora Westheimer recomienda la mutua exploración de los cuerpos; la variación de las posturas amorosas; el empleo de las manos y la boca para aumentar el deleite sensorial; el vestir ropa seductora; el ver juntos imágenes eróticas; el uso de juguetes sexuales; el compartir juntos las fantasías de cada uno, siempre en un cálido ambiente de amor y de respeto a la persona y a la libertad del otro. Nada había que diera interés y variedad a la relación entre doña Freda y don Inepcio. Una vez ella ideó vestir ropa provocativa para excitar a su marido e inducirlo a la voluptuosidad. Ordenó por catálogo un atuendo hecho en piel negra, con aplicaciones metálicas, antifaz del mismo color y capa roja. Llegó don Inepcio a la casa, vio a su mujer vestida así y le preguntó: "¿Qué hay de cenar, Batman?" Ella se quejaba del estilo amoroso de su cónyuge. Le decía: "Haces el amor en la misma forma en que el plomero hace su trabajo cuando le pido que venga a arreglar algo en la cocina". "¿Cómo?" —se amoscaba don Inepcio—. Respondía doña Freda: "Rápidamente; mal; y luego yo debo terminar las cosas por mí misma". (Esto no lo entendí. *N. del A.*) El colmo sucedió el día que don Inepcio, mal aconsejado por amigos canallescos, habló con doña Freda y le dijo: "Debemos reconocerlo, esposa mía: nuestra vida sexual es deplorable. Todo en ella es aburrimiento, hastío, tedio, desgano, fastidio, indiferencia, dejadez, abulia y apatía. Es más divertida la junta anual de accionistas de La Mutual SCL, compañía de seguros, que la manera en que hacemos el amor. He pensado, entonces, en un último recurso para alejarnos de la rutina y poner en nuestras vidas aventura y emoción. Quizás así se podría salvar nuestro matrimonio". Preguntó doña Freda, interesada: "¿En qué consiste ese último recurso". Sugirió don Inepcio: "Tú tendrás aventuras con otros hombres, y yo a mi vez tendré aventuras con otras mujeres". "Uh, no —respondió doña Freda con desdén—. Ya probé eso, y no funciona".

EL SEÑOR Y la señora que se habían divorciado se encontraron por casualidad. El hombre le invitó una copa a su exmujer. Tres o cuatro o más se tomaron, y decidieron recordar los viejos tiempos en un discreto motelito. En medio del trance connubial ella recapacita y dice preocupada: "Lo que estamos haciendo no está bien, Exdulio. ¡Tenemos que salvar nuestro divorcio!"

DON SALACIO APROVECHÓ la ausencia de su esposa para buscar los favores de la nueva criadita de la casa, Marythorn. Ella al principio resistió las rijosas instancias del patrón, pero cedió al final porque él le hizo un sustancial ofrecimiento monetario. "¡Qué labioso es *usté, siñor*! —le dijo entonces con un mohín de coquetería—. ¡Ya mi convenció". Seguidamente lo invitó a ir a su cuarto. "Pero antes —le pidió— *inséñeme* un certificado de buena salú, pa' saber que no tiene *usté* eso que le dicen sida". Se sorprendió Salacio ante esa inesperada petición. Sin embargo recientemente le habían hecho un examen de salud, de modo que pudo mostrar la constancia que demandaba la criadita. Se llevó a cabo, pues, el erótico trance de fornicación. Acabado el ilícito ayuntamiento don Salacio le dijo a la muchacha: "Marythorn: apenas sabes leer y escribir, y sin embargo estás muy bien informada en cosas de salud". "*Pos* sí, *siñor* —responde la muchacha—. Seré muy *inorante*, pero si ya me pegaron una vez esa fregadera, dos veces no me la pegan ya".

DOÑA UGLILIA LE preguntó un día a su marido: "Si entraras un día en la recámara y me vieras en la cama con otro hombre, ¿qué harías?" El señor contesta sin dudar: "De inmediato me subiría al ropero". "¿Al ropero? —se extraña doña Uglilia—. ¿Por qué te subirías al ropero?" Responde él: "Para que no me mordiera el perro del pobre ciego".

DON SORECO, SEÑOR duro de oído, cumplió 35 años de casado. En su teléfono móvil recibió un mensaje de su esposa, y esa noche llegó a su casa más ebrio que una cuba. "¿Por qué vienes así?'" —le preguntó la señora con asombro, pues su marido nunca bebía—. Respondió él con tartajosa voz: "Obedecí tu mensaje: vengo embriagado". "¡Idiota! —rebufó con enojo la mujer—. ¡El mensaje decía que vinieras enviagrado!"

EL SEÑOR SE compró un paquetito de condones. Le dijo a su mujer: "Son de la marca 'Olímpicos'". Quiso saber ella: "¿Por qué se llaman así?" Explicó el señor: "Porque vienen en tres tonos: oro, plata y bronce". Volvió a preguntar ella: "¿Cuál te pondrás hoy en la noche?"

Dice el señor: "El oro". Le pide ella: "¿Por qué no usas el plata? Será bueno que al menos una vez termines en segundo lugar".

UNA MUJER LLEGÓ al lobby bar del hotel, ocupó un asiento en la barra y le pidió al cantinero dos tequilas. "Uno es para mí —dijo— y el otro para mi marido". El barman sirvió las copas, y le preguntó a la mujer si su esposo tardaría en llegar. "No —respondió ella—. Aquí lo traigo". Así diciendo abrió su bolso, sacó de él un sapito y lo puso sobre el mostrador. Al ver aquello el cantinero preguntó asombrado: "¿Ése es su esposo?" "Así es" —contesta ella—. Pregunta otra vez el barman: "Y ¿puede beber tequila?" Vuelve ella a responder: "Le gusta mucho. Mire". El sapito apuró a pequeños sorbos toda la copa de tequila. "¡Fantástico! —profiere con asombro el barman—. Y ¿puede hablar?" "Claro que puede —reitera la mujer—. A ver, querido: platícale al señor de aquella vez que me llamaste 'Vieja bruja'".

UN HOMBRE Y su hija, muchacha soltera ella, hicieron un viaje en autobús. No pudo acompañarlos la mamá de la chica y esposa del señor. Poco antes de llegar a su destino un asaltante subió al camión, y a punta de pistola obligó a los pasajeros a entregarle sus posesiones. En el botín se fueron las maletas de ambos, y la cartera del señor. Se lamentó él: "Nos hemos quedado sin dinero". "No, papá —le dice la muchacha—. Cuando vi entrar al asaltante me escondí el monedero abajo de las pompas". Exclama el señor con pesadumbre: "¡Qué lástima que no vino tu mamá! ¡Habríamos podido salvar también las dos maletas!"

EN UN LUGAR costero vivían dos hermanos gemelos llamados Juan y John. Juan era soltero; John casado. El primero gustaba de las cosas del mar, y era dueño de una lancha motora en la cual pescaba y hacía excursiones costaneras. John, en cambio, prefería los tranquilos placeres del hogar. Sucedió que la esposa de John pasó a mejor vida. Por una extraña coincidencia, el mismo día se hundió la lancha que tenía Juan. Poco después cierta señora halló en la calle a Juan, y confundiéndolo con su hermano John, el viudo, le dijo: "Me enteré de su pérdida. Lo siento mucho". Juan pensó que la mujer se refería a la lancha, y respondió con displicencia: "¡Bah! No vale la pena. Era muy vieja; ya no servía para nada. Hacía agua por abajo, y olía a pescado. Adelante tenía una gran grieta, y un hoyo atrás que cada día se le hacía más grande. Además era difícil manejarla; cada vez que me subía en ella se agitaba y daba saltos; parecía que me quería tumbar. Eso fue lo que acabó con ella. Cuatro tipos que llegaron al pueblo en busca de diversión me pidieron que se las rentara. Yo les advertí que ya no funcionaba, que de seguro los dejaría insatisfechos. Pero los tontos insistieron. Cuando los cuatro se subieron en ella al mismo tiempo, no pudo resistir el peso, y se partió a la mitad". La señora que daba el pésame se llevó las manos a la cabeza, y luego huyó espantada.

LA ESPOSA DE don Languidio vio a un niñito que lloraba desconsoladamente. Fue hacia él, solícita. "¿Por qué lloras, buen niño?" El pequeño respondió entre lágrimas: "Tenía un pajarito, y se me murió". Le dice la señora: "Voy a traer a mi marido. Ustedes dos tienen algo en común, y podrán consolarse mutuamente".

UN INDIVIDUO SE presenta ante el juez de lo familiar. "Señor juez —le dice—, quiero divorciarme de mi esposa". "¿Por qué?" —pregunta el juzgador—. "Por adúltera y afrentosa" —manifiesta el tipo—. "Lo de adúltera puedo entenderlo bien —dice el juez—. Pero, ¿qué es eso de afrentosa?" "Permítame explicarle, señor juez —contesta el tipo—. Ayer llegué a mi casa de un viaje y encontré a mi esposa con otro hombre". "Muy bien —acepta el juez—. Ahí está lo de adúltera". —Ahora viene lo de afrentosa —sigue el tipo— Cuando me vio, mi mujer ni siquiera dejó de hacer lo que estaba haciendo. Me dijo: "¡Qué bueno que llegaste, Corneliano! Siéntate y fíjate muy bien, para que aprendas".

EN EL MOMENTO del eclipse un señor alzaba los brazos al cielo en la azotea de su casa. "¿Qué haces?" —le pregunta su esposa—. "Estoy tratando de recibir la energía del sol" —responde el tipo—. "Ah —dice la señora—. Entonces mejor acuéstate boca arriba".

FACILDA LASESTAS, MUJER de don Astasio, llegó a su casa luciendo un gran anillo de brillantes. "Me lo saqué en la lotería —le dice a su marido—. Con el cantarito". Pocos días después llegó la señora con un reloj de oro. "Me lo saqué en la lotería —declara de nueva cuenta—. Y otra vez con el cantarito". Transcurre una semana y aparece Facilda con un coche del año. "Lo gané en la lotería —le informa—. El cantarito otra vez". Tras decir eso Facilda se dirige a la escalera, pero tropieza y cae de sentón. "¡Santo cielo! —exclama con azoro don Astasio—. ¡Ojalá no te hayas lastimado el cantarito".

DOÑA GORGOLOTA Y su señor marido, don Feblicio, fueron a una marisquería. La señora lee el menú. Al terminar se levanta presurosa de la mesa y va hacia donde estaba el mesero. Dándole una propina le dice en voz baja: "Vi que tienen una sopa llamada *Levantamuertos*. Traiga una olla grande y haga como que se le cae en la entrepierna de mi esposo".

DOÑA FRIGIDIA ES la mujer más gélida al norte del Antártico. Comparada con ella Groenlandia parece un territorio tropical. En cierta ocasión fue a ver la película *¡Qué verde era mi valle!* y lo heló. Hace unas noches su marido le pidió el cumplimiento del débito conyugal. "¿Otra vez?" —se irritó ella. "Pero, mujer —alegó el esposo—. La última vez que lo hicimos fue cuando pasaron *Sansón y Dalila* (con Victor Mature y Hedy Lamarr. Ese filme se estrenó en 1951. De él dijo Groucho Marx: 'No me interesa ver una película en la que el actor tiene más busto que la actriz'. *N. del A.*) "¿Y ya quieres otra vez? —se indignó doña Frigidia—. ¡Lujurioso!" Redobló sus instancias el marido y consiguió por fin que ella accediera, si bien con desgano, a la solicitada relación. A la mitad del trance le pidió el señor un poco de movimiento. "Ahorita no —replica ella—. En los comerciales".

EL DETECTIVE PRIVADO le informa a la señora que contrató sus servicios: "Seguí a su marido. Entró en tres bares y luego en un motel". "¿Ah sí? —pregunta la señora con indignación—. ¿Qué hacía en semejantes sitios?" Responde con pena el detective: "La andaba siguiendo a usted".

LA SEÑORA ENCUENTRA a su marido besando apasionadamente a la sirvienta. "¡Eres un inconsciente, Romualdo!" —le dice enojadísima—. ¡Le vas a contagiar tu gripe a Macrina, ella se la va a contagiar al chofer, y el chofer me la va a contagiar a mí!"

¿CUÁLES FUERON LAS primeras palabras que Adán le dijo a Eva? Fueron éstas: "¡Ah jijo! ¡Hazte a un lado, no sé esta cosa hasta dónde vaya a llegar!"

EL PREOCUPADO MARIDO le dice a su mujer: "Quiero esforzarme, Avidia, para que tengas una plena satisfacción sexual. ¿Qué puedo hacer?" Responde ella: "¿Por qué no te vas de la ciudad un par de semanas?"

DOÑA JODONCIA LE dice a su vecina: "Mi marido es un desmemoriado. Lo mandé a comprar una barra de pan. Te apuesto a que volverá sin ella". Poco después regresa don Martiriano, el esposo. "No vas a creer lo que me sucedió —le cuenta a su señora—. Al salir me encontré en el corredor con la vecina, esa mujer de enhiesta grupa de potra de los arábigos desiertos, busto como las cúpulas de la mezquita del Profeta, cintura cual la de las odaliscas que sacian la sed de amor de los beduinos que tornan al aduar, y piernas marfilinas como las altas columnas del templo de Isis en Egipto". (El léxico de don Martiriano provenía de antiguas lecturas de la revista *Vea. N. del A.*) Continúa su narración el señor: "Sin decirme palabra la hermosa mujer me tomó de la mano y me introdujo en su departamento. Llevóme a su alcoba, y ahí me incitó y sedujo en tal manera que sentí renacer en mí los amorosos rijos de la pasada juventud. Una y otra vez la tomé en mis brazos hasta quedar los dos ahítos de pasión y voluptuosidad. Después, siempre en silencio, me hizo vestirme, y de la mano me trajo otra vez hasta mi puerta. Y aquí estoy, sin poder creer todavía que ese inefable sueño de amor fue realidad". Doña Jodoncia se vuelve a su vecina. "¿Qué te dije? Se le olvidó el pan".

CONTABA UNA SEÑORA: "En cierta ocasión mi marido empezó a hacerme el amor cuando el reloj marcaba la medianoche exacta, y terminó cuando las manecillas señalaban la una y un minuto de la mañana. Pero fue aquella vez en que se adelantó el reloj una hora para ahorrar luz".

LA SEÑORA FUE a ver a un doctor. Al volver a su casa le comunica a su marido: "Dice el médico que no puedo hacer el amor". "¡Caramba!" —exclama el tipo con admiración—. ¿Cómo lo supo?"

EN MEDIO DEL acto conyugal le dice la señora a su marido: "Tengo una fantasía: me gustaría ver a dos mujeres haciendo cosas aquí en la casa". "¿Queeeé?" —se sorprende el marido. "Sí —confirma la señora—. Una limpiando la casa y otra haciendo la comida".

Ms. Lousylay tiene fama de ser la mujer más frígida de este lado del sistema solar. Comparado con ella el Océano Glacial Ártico es un enorme tazón de caldo hirviente. La noche que Ms. Lousylay fue al cine a ver la película *Titanic* el iceberg no se formó en el mar, sino en la sala cinematográfica, y hasta su interior debieron dirigir los productores el gran barco para poder llevar a cabo la escena del choque. Sin embargo, cierto día su esposo, Mr. Starving, le contó a un amigo: "Anoche estuve realmente apasionado al hacerle el amor a mi mujer". "¿Por qué lo dices?" —pregunta el amigo—. Contesta Mr. Starving: "Bueno, ella se despertó".

Un tipo le reclamaba a su esposa: "¿Por qué ya no te ves como cuando nos casamos?" Responde ella con enojo: "¡Porque no estoy embarazada, caón!"

"Bigilo —dice la furiosa señora a su marido— me dicen que tienes amores con una mujer de Tlatixco, que le tienes puesta casa, que has tenido cuatro hijos con ella, que le compraste carro, que la vistes con ropa de lujo y pieles, que te paseas con ella en todas partes, que la llevas de viaje y que la presentas como tu esposa". "¡Carajo! —dice el marido con un gran disgusto—. ¡Cómo inventa la gente! ¿*Pos* de dónde sacaron que es de Tlatixco?"

Dice con gran ternura el maridito a su mujercita: "Estoy feliz viéndote embarazada, Susiflor, pero sufro mucho viendo tus mareos, tus náuseas, todas las incomodidades de tu estado". "No te apures —responde ella—. Tú no tienes la culpa".

Aquella mujer que tenía diez hijos, y estaba en espera de uno más, discutía con su marido. Le dice éste: "Yo jamás te prometí que te tendría bien alimentada, Martiriana. Lo que te dije fue que siempre te tendría con la barriga llena".

LLENA DE FUROR la señora grita a su marido: "¡Acabo de saber que tienes una amiguita, canalla! ¿Qué no te basta con hacer el ridículo conmigo?"

DON MARTIRIANO, SUFRIDO esposo de doña Jodoncia, se rindió por fin ante las repetidas instancias de su mujer, que le exigía ir a ver al dentista. "Pero ha de ser mujer la dentista" —se atreve a condicionar don Martiriano—. "¿Por qué?" —inquiere con acritud doña Jodoncia—. "Porque quiero que una mujer me diga: 'Abra la boca', en vez de: '¡Cierra el hocico!'"

LE COMENTA UNA señora a su vecina: "A mi marido le digo el Oso". "¿Por lo fuerte?" —se admira la vecina. "No —precisa la mujer—, porque después de cumplir el acto de la reproducción tiene que hibernar seis meses".

AQUELLA SEÑORA LE puso un apodo a su marido el Menudo Blanco". Explicaba: "Es pura panza y nada de picante".

UN SUJETO LLAMÓ a la oficina del forense para informar que su señora había muerto en la cama. "¿Cuándo murió?" —pregunta un investigador—. "No sé exactamente —responde el individuo—. Supongo que ayer o hace dos días". "¿Ayer o hace dos días? —se asombra el agente—. ¿Y por qué hasta ahora llama?" Contesta el tipo: "Es que la sentía igual que todas las noches".

EL MARIDO LLEGA a su casa, y su esposa lo recibe con un notición. "¡Viejo! —le dice—. ¡Estoy esperando unos cuatitos!" "¿Te lo dijo el ginecólogo?" —pregunta emocionado el hombre—. "No —responde ella—. Me hablaron por teléfono que ya vienen, de modo que vete un par de horas, porque si saben que estás aquí no llegan".

EL ASTRÓNOMO REGRESA a su casa después de un viaje, y al entrar en su recámara ve que su señora estaba en apasionado trance de amor con dos individuos exactamente iguales. "¿Qué es esto?" —exclama el astrónomo al mismo tiempo sorprendido e indignado—. "Acuérdate, Tolomeo —responde ella—. Yo te dije que quería saber lo que es el cielo, y tú me sugeriste que me buscara unos gemelos muy potentes".

LLENO DE ABATIMIENTO don Martiriano les cuenta a sus amigos: "Tuve una discusión con Jodoncia, mi señora, y me dijo que nada de relaciones íntimas en seis semanas". "¡Qué barbaridad! —exclama uno—. ¡Has de estar desolado!" "Sí —responde muy triste don Martiriano—. Hoy se cumplen las seis semanas".

LA SEÑORA DE barrio pobre informa a la trabajadora social: "Tengo 12 hijos, todos del mismo padre". "¿En qué trabaja su marido?" —quiere saber la muchacha—. "No sé —responde la mujer—. Me abandonó hace diez años". "Perdone —se desconcierta la trabajadora—. Me dice que tiene 12 hijos, y sin embargo su esposo la dejó hace diez años. ¿Cómo está eso?" Explica la señora: "Es que el pobrecito viene cada año a disculparse".

DON FEBLILIO LLEGÓ a su casa después de la consulta con el médico. Le cuenta a su mujer, doña Abusivia: "Dice el doctor que tengo alta presión". "Posiblemente —replica ella con sequedad—. Pero la alta presión no la tienes en el lugar donde deberías tenerla".

LE DICE UN tipo a otro: "La vida sexual de mi esposa y mía ha mejorado mucho desde que tenemos camas separadas. Ahora hacemos el amor casi todas las noches". "¿Cómo es eso?" —se asombra el otro—. Explica el tipo: "Es que su cama está en una casa, y la mía en otra".

LA ESPOSA DE don Astasio viajó a Europa. "¿Qué trajiste?" —le pregunta el marido a su regreso. "No sé —responde ella—. Todavía no he ido con el ginecólogo".

EL ESPOSO DE Frigidia afirmaba que había encontrado ya la diferencia entre su esposa y un jugador de ajedrez: "De vez en cuando el jugador de ajedrez mueve una pieza".

EN LA TIENDA el individuo pidió que le envolvieran un sugestivo juego de ropa íntima femenina. "A su esposa le va a encantar" —le dice la chica de la tienda—. Se queda pensando el tipo y dice: "Bueno, entonces deme otro igual".

DOÑA FRIGIDIA ES la mujer más gélida a ambos lados de la línea ecuatorial. Su frialdad sorprende: en cierta ocasión pasó frente a una agencia de viajes que tenía en el aparador un cartel turístico de Hawaii. Tal cosa bastó para helar todas las plantaciones de ananás en la isla. (¡Ananás! Esa palabra ya nada más se ve en los crucigramas. Y vaya que el ananás es una planta exótica de la familia de las bromiliáceas, con hojas glaucas y ensiformes. Qué sería si no. *N. del A.*) En cierta ocasión el esposo de doña Frigidia le solicitó el cumplimiento del débito conyugal. "¡Otra vez!" —protestó ella. "Pero, mujer —suplicó el marido—. La última vez que lo hicimos fue el día en que Sebastian Coe implantó un nuevo récord en la carrera de la milla". (Ese importante acontecimiento deportivo tuvo lugar en Oslo el año de 1979, cuando aquel gran atleta inglés corrió dicha distancia en 3 minutos 49 segundos *flat*. *N. del A.*) "¿Y ya quieres de nuevo? —se indigna doña Frigidia—. ¡Cielo santo! ¡Eso se llama acoso sexual!" Por fin, después de una serie de instancias pertinaces, suplicatorias impetraciones y urticantes ruegos, ella accedió a hacer dación de aquel favor, pero sólo durante el tiempo que tardara en recitar la fábula *La cigüeña y el rústico*, de don Tomás de Iriarte, fábula que tenía aprendida desde la infancia y cuyo texto usaba como reloj para medir el tiempo de cada acto conyugal. La fábula es muy corta: tiene únicamente 16 versos trisílabos, de modo que el pobre esposo de doña Frigidia debía apresurarse. En vez de piyama tenía que usar traje de jockey. Y ni hablar del resultado: entraba él y salía una estalactita. Terminado el efímero trance doña Frigidia enciende la luz, se quita el antifaz para dormir y declara con terminante acento: "La próxima vez tendrás que hacerlo sobre mi cadáver". "Así lo hice ésta" —replica el desdichado—.

DOÑA JODONCIA Y su abnegado esposo, don Martiriano, fueron a una exhibición de modas. Salió una modelo vestida con un atuendo tan breve que por arriba se le veía hasta abajo y por abajo se le veía hasta arriba. "¡Qué impudicia! —exclama doña Jodoncia con escándalo—. ¡Si yo me viera así no saldría de la recámara!" "Tienes razón —concede don Martiriano—. Si tú te vieras así yo tampoco saldría de la recámara".

CAPRONIO, SUJETO INCIVIL y majadero, iba a asar carne en el jardín. Su señora fue a preparar el asador. Al verla le dice Capronio con irónico tono de acre burla: "Deberías ponerte a dieta, gordinflona. Estás del ancho ya del asador". Ella, acostumbrada como estaba a los sarcasmos e inris de su esposo, no respondió palabra. Pero esa noche, ya en el lecho conyugal, Capronio sintió el natural deseo de la carne, y se arrimó mimoso a su mujer en busca de los goces del connubio. Ella lo apartó de sí y le dijo con tono que también sonó sarcástico. "Estás equivocado si crees que voy a encender todo el asador nomás para calentar una salchichilla botanera".

UN HOMBRE FUE objeto de una intervención quirúrgica. En su cuarto de hospital se reponía de la anestesia. Abre los ojos y le dice a su mujer: "¡Te adoro!" Ella, halagada, le sonrió al médico, que hacía guardia al lado del enfermo. Poco después el paciente abre los ojos otra vez y le dice a su esposa: "¡Te quiero!" La señora vuelve a sonreír. Pasa media hora. De nuevo el señor abre los ojos y le dice a su mujer: "Te estimo". Ella se desconcierta un poco, pero no comenta nada. Transcurre otro cuarto de hora. El hombre abre los ojos y le dice a la señora: "Te tolero". En eso el médico le dice a la mujer: "Creo que es mejor que salga de la habitación, señora. A su esposo se le están pasando los efectos de la anestesia".

EL SEÑOR Y la señora cumplieron 25 años de casados, y por detalle sentimental fueron al parque a donde iban cuando eran novios. Dice el señor "¿Recuerdas, viejita, que nos abrazábamos y nos besábamos recargados en aquella cerca de alambre que todavía está ahí?" "Sí, lo recuerdo" —dice ella ruborosa—. Sugiere el señor: "¿Te parece si hacemos eso otra vez, para acordarnos de nuestros buenos tiempos?" "Vamos" acepta la señora. Poco después el policía que cuidaba el parque vio a una pareja que, recargada en la cerca de alambre se agitaba en movimientos convulsivos y agitados, como jamás el guardia había visto. Eran el señor y la señora. "Perdone usted, agente —se disculpa el señor—. Es que en esta cerca nos recargábamos mi esposa y yo cuando éramos novios". "Sí —dice la señora arreglándose las ropas y el cabello—. Pero entonces la cerca no estaba electrificada".

LA SEÑORA LE dice a su esposo: "Esa parte tuya huele a semen". "¿De veras?" —pregunta él, halagado. "Sí —confirma la señora—. A cemen-terio".

EL SEÑOR Y la señora cumplieron 50 años de casados y fueron a una segunda luna de miel. "Recuerdo —dice ella evocadoramente— que en nuestra noche de bodas me dijiste ardiendo de deseo al verme por la primera vez al natural: '¡Voy a beber la miel de esos senos de diosa hasta dejarlos secos!'. ¿Qué me dices ahora?" Con laconismo responde él: "Misión cumplida".

EN EL LECHO de su última agonía la señora le dice solemnemente a su marido: "Veleno: ahora que voy a morir debo hacerte una confesión". "¡No digas nada, mi vida!" —suplica él—. Insiste ella con voz feble: "No quiero morir sin que conozcas mi secreto". "¡Calla, amor mío, por piedad! —ruega el esposo—. ¡Sal de este mundo en paz!" Replica ella: "Porque anhelo irme en paz voy a confesarte todo. Debes saber que te fui infiel con tu mejor amigo; que también te engañé con tu socio y con tus competidores; que perdí todo tu dinero en las maquinitas..." "¡No sigas, cielo mío! —la interrumpe él—. ¡Ya sabía todo eso! ¿Por qué crees que te envenené?"

AFRODISIO PITONGO PENSABA que un hombre casado puede tener hasta tres amiguitas. "Más de tres —añadía severo—, ya es infidelidad". El tal Pitongo se decía monógamo, pues jamás tenía más de una aventura a la vez. Llegó el día en que su mujer conoció sus devaneos. (En el adulterio el marido es el último que se entera; la esposa, la primera que lo intuye. *N. del A.*) Le reclamó airada su conducta, y le dijo con frase musical: "Hueles a leña de otro hogar". Él respondió: "Ha de ser humo del tren". No tomó en cuenta el descarado que la locomotora de vapor, aquella que humeaba, dejó de usarse ya hace muchos años. Apretado por su esposa hizo lo mejor que un marido puede hacer en tales circunstancias: negó todo. Para eso se necesita sangre fría y supereminente capacidad histriónica. Pitongo poseía ambas cualidades. A las quejas y amagos de su cónyuge respondió cruzándose de brazos y perdiendo la vista en el infinito, como sir Laurence Olivier en *Rebecca* (1940, con Joan Fontaine y George Sanders, dirección de Alfred Hitchcock. *N. del A.*). "No niegues —insistía ella—. Lo sé todo". "¿Ah sí? —replicó él—. A ver: ¿cómo se saca la superficie de un triángulo escaleno?" Ella echó mano entonces de su argumento Aquiles, o sea el de más peso, el inconcuso, impepinable, que no se puede rebatir: "Te he visto con mis propios ojos". "¡Vaya! —exclamó Pitongo—. ¿Y les vas a creer más a tus ojos que a mí?"

DON CORNILIO RECIBIÓ un anónimo: "Tu mujer se encontrará hoy a las diez en punto de la noche con su amante, en el Motel Ucho". Indignado, el mitrado esposo le enseñó aquel recado a su consorte. Ella le dice: "¿Cómo puedes creer semejante mentira? Tú me conoces bien, y sabes que no soy tan puntual".

A UN SEÑOR le había ido mal en los negocios. Una amiga de su esposa le dice a ella: "Supe que tu marido anda de capa caída". "No nada más de capa" —suspira la señora—.

LE COMENTA UNA muchacha a un señor: "Veo que su esposa es bastante más alta que usted, don Clavete. ¿Cuántos centímetros le saca?" Responde el veterano: "En la casa somos de la misma estatura, pero cuando se pone la faja crece medio metro".

LLEGÓ A SU casa don Astasio y al entrar en la alcoba conyugal encontró a su mujer en posición de decúbito dorsal sobre la cama y cubierta sólo por la epidermis de que Madre Naturaleza la dotó. Respiraba agitadamente doña Facilisa, con acezo como de hembra rijosa y encendida, y su inquieta mirada se dirigía al ropero de la habitación. No clóset, sino ropero tenía en su cuarto doña Facilisa, pues en cuestión de amores tendía a lo tradicional. Abrió don Astasio el dicho ropero de tres lunas y vio en el interior del mueble a un sujeto en ropas no menores, sino mínimas, pues llevaba tan solo una cachucha. "¿Quién es usted?" —pregunta con vehemencia el infeliz marido—. Responde imperturbable el individuo: "Soy el Inspector Municipal de Termitas". "¿Inspector de termitas?" —repite don Astasio en paroxismo de cólera igniscente—. ¿Así, sin ropa?" "¡Ah! —exclama simulando sorpresa el lúbrico amador—. ¡Entonces sí hay termitas!"

DOÑA JODONCIA SOÑÓ que su esposo se estaba refocilando al mismo tiempo con una morena y una rubia. Se despertó por la impresión de aquel erótico *ménage à trois*. "¡Martiriano! —le grita hecha una furia tras despertarlo con una sacudida—. ¡Eres un lúbrico degenerado, un verraco salaz! ¡Te vi en mis sueños follando con dos mujeres a la par!" "Pero, mujer —intenta defenderse el lacerado—. Eso fue sólo un sueño mendaz. ¿Por qué me reprendes con tan feas maneras?" Responde doña Jodoncia, airada: "¡Porque si eso haces en mis sueños, qué no harás en los tuyos!"

LE PREGUNTARON A una señora: "¿Qué te gusta más: la Navidad o hacer el amor con tu marido?" "La Navidad —respondió ella—. Es más seguido".

EN LA CABAÑA de vacaciones pregunta un individuo a la señora: "¿Está su marido?" "No, no está —contesta ella—. Pero vaya usted al río. Verá una caña de pescar que tiene un gusano en cada extremo. El de este lado es él".

"MI MUJER MANEJA como rayo". "¿Muy aprisa?" "No. Siempre pega en los árboles".

LA SEÑORA VE que su marido parte en dos el cigarro y después de tirar una mitad enciende la otra. "¿Por qué haces eso?" —le pregunta—. "Para quitarme el vicio poco a poco" —responde el señor—. Esa noche él regresa a su casa antes de lo acostumbrado y sorprende a la señora con un enano. "Es para quitarme el vicio poco a poco" —le explica ella—.

EN TRATÁNDOSE DEL acto conyugal don Prematurio era, digamos, velocista. Su esposa comentaba: "Hacer el amor con él es como ver una telenovela: cuando la cosa empieza a ponerse buena acaba el episodio".

EN LA FIESTA el achispado señor exponía con enojosa suficiencia sus teorías contra el matrimonio y las mujeres. Decía: "Los hombres deberíamos tener el derecho de cambiar cada año de mujer, así como cada año podemos cambiar de automóvil". Su esposa, cansada ya de los desplantes del marido, le dice: "Ay, Feblicio. ¿Para qué quieres tú cambiar de coche, si hace mucho tiempo ya que ni manejas?"

DOÑA GALICURCIA PENSABA que cantaba muy bien. Un día le reclama a su marido: "¿Por qué cada vez que empiezo a cantar te sales a la calle?" Responde él: "Para que los vecinos vean que no te estoy golpeando".

LA SEÑORA SALÍA a trabajar y llevaba a su casa buen dinero. El marido, sin embargo, no sabía en qué consistía el trabajo de su esposa. Cierta noche quiso hacerle el amor. Le dice ella: "Lo siento, querido. No acostumbro llevar trabajo a la casa".

DECÍA DOÑA FRIGIDIA: "Mi marido y yo tenemos perfecta compatibilidad sexual: él nunca puede, y yo jamás tengo ganas".

DOÑA FRIGIDIA, YA se sabe, es la mujer más fría del planeta. Comparado con ella un iceberg es más ardiente que un ignífero volcán. Cuál no será la frialdad de esa señora, que un día pensó en la conveniencia de ver la posibilidad de quizá considerar alguna vez la idea de ir a Tahití, y ese solo pensamiento bastó para helar todos los cultivos de ananás en la isla. Pues bien: cierta noche don Frustracio —así se llama el malaventurado esposo de la doña— le pidió con timidez a su consorte el cumplimiento del débito conyugal. Opuso ella con enojo: "¡Pero si hace apenas unos días me pediste lo mismo!" "Mujer —se atrevió a replicar don Frustracio—, la última vez que lo hicimos fue el día que se cumplieron 100 años de la épica pelea entre Bob Fitzsimmons y Jim Jeffries, y eso fue el año 2002". "¡¿Y ya quieres otra vez?! —clamó doña Frigidia con escándalo—. ¡Eres un erotómano irredento!" Don Frustracio recurrió entonces a un vergonzoso recurso: le ofreció a su esposa regalarle un anillo de esmeraldas. Las joyas son para algunas mujeres lo que para los hombres es el Viagra: un gran estimulante. Movida por ese interés insano doña Frigidia accedió por fin a la dación. Pidió, sin embargo, que todo se hiciera con las luces apagadas. En la tenebregura de la alcoba don Frustracio empezó a hacer obra de varón. De pronto oyó algo que lo llenó primero de asombro y luego de excitación sensual: su esposa jadeaba, chasqueaba la lengua, aspiraba aire con fuerza y hacía otros ruidos bucales que daban idea de placer y gran delectación. Aquello jamás había sucedido. Osó don Frustracio encender una lámpara que estaba en el buró, y lo que vio lo asombró más aún, y lo decepcionó: en el mismísimo trance del amor su esposa se estaba comiendo con fruición una rebanada de sandía. ¡Tal era la causa de los ruidos que hacía con la boca, no la sensualidad ni el ardimiento pasional!

LLEGÓ DON ASTASIO a su casa y encontró a su mujer con un desconocido. Tras de colgar el sombrero y el paraguas en la percha fue don Astasio al chifonier donde guardaba la libretita en que anotaba vilipendios para decirlos a su esposa en tales ocasiones. Regresó y le leyó el último que había registrado: "¡Furcia!" Luego, con lenguaje más liso y llano, añadió: "¡Traidora infame, vulpeja inverecunda, mesalina, hembra sin pudor!" Le dice la esposa: "No te pongas dramático, Astasio. ¡Ni que se lo fuera a acabar!"

EN LA TIENDA el señor se probó un traje a cuadros verdes, amarillos y morados. Se mira en el espejo y le dice al vendedor que lo atendía: "Si me pongo este traje mi esposa no querrá salir conmigo a ningún lado. ¡Me lo llevo!"

UN CONDUCTOR AL que acompañaba su mujer se pasó un alto al manejar. Lo detiene un agente de tránsito y le dice al tiempo que sacaba su libreta de infracciones: "Se pasó usted un alto, caballero. Tendrá que pagar una multa de 100 pesos". "¡Uh, no! —interviene la esposa—. Con ese dinero podría sacar su licencia de conducir". "¿Y además maneja sin licencia? —dice el agente—. Eso está muy mal". Vuelve a intervenir la señora: "Le aconsejo que no lo regañe, oficial. Se acaba de tomar seis o siete jaiboles, y cuando anda así, medio borracho, no se le puede hablar, porque se enoja". "¿De modo que también anda tomado? —dice el patrullero—. Baje inmediatamente del vehículo. Tendrá que acompañarme a la delegación". Interviene de nuevo la señora: "¿Lo ves, Sinesio? Te dije que no llegaríamos muy lejos en un coche robado".

DON MARTIRIANO Y su esposa, doña Abusivia, se hallaban a punto de la separación. Alguien les aconsejó que trataran de salvar su matrimonio, y a ese fin buscaron los servicios de un consejero matrimonial. "¿Por qué quieren ustedes separarse?" —les pregunta el asesor—. Responde doña Abusivia: "Es que mi esposo Martiriano nunca habla; no tiene ideas propias; jamás expresa su punto de vista sobre las cosas. Ésa es mi versión, claro. Ahora déjeme decirle la versión de Martiriano".

DON CORNULIO ERA hombre metódico: de su casa al trabajo y del trabajo a su casa. Por eso su esposa se sorprendió bastante cuando su marido le anunció que ese día llegaría tarde a casa, pues iba a trabajar horas extra. Sucedió, sin embargo, que el jefe de don Cornulio le dijo que no sería necesario que se quedara, de modo que el metódico señor llegó a la hora de costumbre. ¡Sorpresa! Su señora estaba en el lecho conyugal en compañía de otro hombre. Es natural que don Cornulio prorrumpiera en pesias. "¡Mala mujer! —le gritó a la pecatriz—. Aleve furcia, coima fementida!" "Mira, Cornulio —responde calmosamente ella—. Podré ser todo eso que dices, pero al menos no soy una mentirosa, como tú, que dices que vas a llegar tarde del trabajo y luego, sin consideración alguna, te apareces a la hora de siempre".

∴

DON ASTASIO, MARIDO coronado, llegó a su casa y sorprendió a su esposa Facilisa entrepiernada con un desconocido. Desconocido para don Astasio, digo, pues ella lo conocía bien, a juzgar por las expresiones que usaba para dirigirse a él: "Mi negro lindo", "Papasote" y otras que denotaban familiaridad. Fue don Astasio al chifonier donde guardaba una libreta en la que tenía anotadas expresiones aplicables al caso. Luego regresó a la alcoba y dijo a su mujer: "¡Falena!" (Empleaba don Astasio una expresión metafórica muy usual en la nota roja de los periódicos del pasado siglo. La falena [*Phalaina phalaina*] es un insecto lepidóptero nocturno, pequeña mariposa que gusta mucho de la luz, motivo por el cual se acerca a la llama de las velas o lámparas y muere abrasada en su fuego. Por eso a las mujeres de toma y daca se les llamaba en México "falenas", nombre ahora en desuso a pesar de la valiosa enseñanza moral que contiene. *N. del A.*) Pero vuelvo a mi relato. Se oyó llamar así doña Facilisa, y sin alterar el compás de tres por cuatro (valseadito) que solía usar en el trato con sus concubinarios le contestó a su esposo: "Ahora no puedo atenderte, Astasio. Tengo visita". Entonces don Astasio se vuelve hacia el fementido adamador y le dice: "¡Esto le va a costar muy caro, señor mío!" Y responde el sujeto: "Le ruego, caballero, que al hacer el cobro se ponga usted la mano en el corazón. No me sobra el dinero".

DESPUÉS DE SU enésima discusión el esposo y la esposa decidieron separarse. Pocos días después él se topó con ella en el supermercado. Le dice con voz triste: "Desde que salí de la casa mi vida carece de atractivo. Me faltan los colores y la luz; todo es hastío y tedio". "Vano empeño el tuyo —replica la señora volviendo la cabeza a otro lado—. Por más que me ruegues no volveré contigo". "Nadie te está pidiendo que regreses —contesta él—. Lo que quiero es que me devuelvas la tele".

EN UN BAR una chica que comerciaba con mercancía de la cual no tenía que desprenderse ofreció su compañía a un hombre. Le dice él: "Sé que esto te sonará extraño, pero me he propuesto conservarme puro para la mujer de la que me enamore". "Caray —se conmueve la muchacha—. Eso es algo muy hermoso". "Bueno —responde él—. A mi esposa no le gusta tanto".

DON MINUCIO TRAÍA la portañuela abierta. ("Portañuela" es el nombre que en Cuba recibe la bragueta. *N. del A.*) El motivo por el cual don Minucio traía la portañuela abierta es que su esposa, mujer remisa y algo floja, no le cosía el descosido zíper. "Me iré al trabajo con la bragueta abierta —amenazó don Minucio a su señora—. Así todo mundo sabrá que me falta mujer". "Déjatela abierta —replica ella—. Así todo mundo sabrá que a mí me falta hombre".

SE CASÓ AHAB, ballenero de New Bedford. La mujer que desposó, llamada Fulla Crap, era robusta, por no decir que inmensamente gorda. En la taberna del puerto los amigos de Ahab lo embromaban. Le decían entre grandes carcajadas: "Con esa esposa que te conseguiste, tan grandota, ¿no irás a tener problema para hallar el caminito?" "No lo creo —replica Ahab seguro de sí mismo—. Tengo 20 años arponeando ballenas".

DON BOLSÓN Y doña Coñita decidieron alquilar una de las habitaciones de su casa a fin de ayudarse con los gastos. Una guapa muchacha leyó el anuncio que pusieron en el periódico local y fue a pedir el cuarto. Doña Coñita le mostró la habitación. Dice la chica: "Soy modelo, y trabajo todo el día. Al llegar a casa me gusta tomar un baño de tina. Pero veo que ustedes no tienen tina". "Eso no importa, linda —responde doña Coñita—. En el jardín te pondremos una, con cortinas y todo, y ahí podrás tomar tu baño cada noche". "Pero su esposo me verá" —opone la muchacha—. "No, chula —promete doña Coñita—. Todas las noches se va a jugar boliche con sus amigos así que tendrás privacidad completa". En efecto, le pusieron a la muchacha su tina de baño en el jardín. La primera noche que la huésped fue a bañarse doña Coñita notó con asombro que la muchacha tenía depilado todo el cuerpo. Le preguntó a qué se debía eso. Explica la muchacha: "Ya le dije que soy modelo. A veces debo modelar tangas o bikinis, y es necesaria la depilación completa". La mañana siguiente doña Coñita le comentó a su marido aquel detalle. "No te creo" —responde don Bolsón, escéptico—. Propone doña Coñita: "Hoy en la noche dejaré un poco abierta la cortina de la tina, y así sabrás que es cierto lo que te he dicho. Escóndete atrás de los arbustos para que ella no te vea". Conforme a lo acordado esa noche doña Coñita dejó un poco descorrida la cortina. Cuando la muchacha entró en la tina, Coñita le hizo señas a su esposo para que observara, y luego se levantó las faldas. Esa noche le dice doña Coñita a don Bolsón: "¿Ya ves que era cierto lo que te conté?" "En efecto —responde él algo molesto—. Con mis propios ojos lo pude comprobar. Pero dime una cosa: ¿por qué te levantaste tú las faldas?" Explica doña Coñita: "Para que vieras la diferencia. Y ¿por qué te enfadas? Me has visto al natural muchas veces". "Yo sí —replica don Bolsón—, pero mis amigos del boliche no".

DON CHINGUETAS FUE con el doctor pues presentaba síntomas de agotamiento general. El galeno, después de examinarlo, le dio una mala nueva: había abusado del sexo a lo largo de su vida, le dijo. Únicamente le quedaban 20 oportunidades para hacer el amor. Después de completado ese número fatal su virilidad desaparecería por completo, su capacidad amatoria quedaría anulada para siempre. Meditabundo regresó a su casa don Chinguetas, y comunicó la noticia a su señora. Ella pensó que tendrían que administrar con cuidado esa veintena de ocasiones. Las reservarían —se dijo— para las fechas especiales: su cumpleaños; el de su esposo; su aniversario de bodas; el natalicio de don Benito Juárez, etcétera. Así, propuso a su marido: "Hay que hacer una lista". "Ya la hice —responde prontamente don Chinguetas—. Y tú no estás en ella".

REPRENDÍA EL MARIDO a su mujer: "Si supieras manejar podríamos prescindir del chofer". "Sí —replica ella—. Y también si tú supieras follar".

EL TÉCNICO EN refrigeración le dice al señor de la casa: "Vengo a ver su congeladora". Se vuelve el hombre y grita: "¡Vieja! ¡Aquí te buscan!"

DOÑA JODONCIA Y su esposo don Martiriano fueron a un restaurante. De pronto ella vio algo que iba sobre el mantel. Indignada va con el capitán de meseros y le dice:¡Hay un insecto en mi mesa!" "Disculpe la señora —responde el individuo con una cortés inclinación—. Pensamos que este hombre venía con usted".

DOÑA UGLICIA, SEÑORA poco agraciada por natura, comprose una peluca a fin de mejorar su aspecto. No logró su propósito, digámoslo con franqueza paladina: antes de la peluca doña Uglicia era una mujer feróstica; después fue una feróstica mujer con peluca. Comoquiera se la caló, y muy contenta fue a esperar a su esposo a la salida del trabajo, pues quería darle una sorpresa. También se había comprado la señora un vestido nuevo y unos zapatos con tacón de aguja. Así ataviada se le aprontó al marido cuando éste salió del edificio. Le dijo con sonrisa que pretendía ser muy tentadora: "¿No te gustaría, guapo, pasar un agradable rato conmigo?" "Ni pensarlo —contesta el hombre apresurando el paso—. Me recuerdas demasiado a mi mujer".

AMOR MATRIMONIAL. EL primer año: "¿Qué ya acabaste?" El quinto año: "¿Qué, no has acabado?" El décimo año: "Beige, creo que pintaré el techo de beige".

AQUELLA SEÑORA ERA caritativa y generosa: de ella nadie pudo decir jamás que hubiese negado un vaso de agua a un sediento caminante. Compartía las prendas que de Natura recibió con todo aquel que se las solicitaba. Las prendas, digo. Tenía muchos amigos la señora; tal parecía que su teléfono estaba en la sección amarilla del directorio telefónico. En cierta ocasión se estaba refocilando con uno de sus numerosos visitantes cuando sonó el timbre de la puerta. "¡Métete abajo de la cama!" —le dice la señora a su galán—. El recién llegado era otro amigo de la dama, de mayor compromiso que el primero, de modo que ella se vio en la precisión de atenderlo. Atendiéndolo estaba cuando llegó su marido. La señora le iba a decir a su segundo amor que se metiera abajo de la cama, pero recordó que esa trinchera estaba ya ocupada. "¡Súbete al ropero!" —le dice al individuo—. El sujeto ocupó aquella altura. Entra el marido a la recámara y le da a su mujer una noticia triste: había sido despedido del trabajo. "¡Qué barbaridad! —se consterna la señora—. ¿Qué vamos a hacer para comprar comida?" Suspira el esposo y dice: "El Señor de arriba proveerá". Inquiere la mujer: "¿Y de dónde vamos a sacar para el abono de la casa y del carro?" "El Señor de arriba nos ayudará" —suspira otra vez el marido—. Pregunta la esposa: "¿Y de dónde vamos a sacar para zapatos, ropa y demás gastos?" Otra vez suspira el hombre: "El Señor de arriba remediará nuestras necesidades". En eso estalla el tipo que estaba arriba del ropero. Exclama muy enojado: "¿Y qué no va a poner nada el desgraciado que está abajo de la cama?"

AQUEL HOMBRE CASADO bebía en otras fuentes, y ni siquiera le importaba que su esposa supiera de sus devaneos. Le decía: "Tú eres la catedral; las demás mujeres son nada más las capillitas". Cierto día el majadero llegó a su casa y encontró a su mujer en compañía de un sujeto. Le dice la señora: "Si soy una catedral no te extrañe que otros vengan a oficiar en ella".

DOÑA FRIGIDIA HACÍA el amor con su marido cada visita de obispo. Quiero decir, en rarísimas ocasiones. Siempre encontraba la señora algún pretexto para eludir el cumplimiento del débito conyugal: ya era el aniversario de la despedida de Primo Carnera, ya era el cumpleaños de Hitler, ya era que el día anterior había subido el precio del tomate. Don Frustracio —así se llamaba el esposo de la fría señora— sobrellevaba con resignación esa penuria. Algo, sin embargo, lo encalabrinaba: en la pocas ocasiones en que su mujer accedía al consorcio matrimonial llevaba con ella a la cama una charola grande llena de naranjas espolvoreadas con polvo de chile, papas fritas rociadas con ketchup, pulpa de tamarindo, cheetos y otras frituras variadas, que acompañaba con refrescos de cola y jugos de sabores. Y sucedía que mientras don Frustracio se afanaba en la refocilación, tratando de obtener de ella el mayor partido posible, tomando en cuenta la poca frecuencia con que acontecía, doña Frigidia se ponía a chupar las naranjas con fuertes sorbetones, a mascar ruidosamente las frituras y a beber con popote sus refrescos. Eso en verdad molestaba a su marido, aunque su temperamento era manso y dado a la paciencia. Cierta noche don Frustracio ya no se pudo contener, y le reclamó a su consorte aquella indignidad. Le dijo: "No me gusta, Frigidia, que mientras yo te estoy haciendo el amor tú te dediques a comer naranjas, papas, pulpa de tamarindo y frituras de maíz". "¡Ah! —protesta doña Frigidia con enojo—. ¿Entonces nada más tú quieres disfrutar?"

DON INEPCIO NO conseguía que su mujer se emocionara en el curso del amoroso trance. Alguien le aconsejó que la llevara a Venecia y le hiciera el amor en una góndola al tiempo que el gondolero cantaba la barcarola intitulada *Peppona*, éxito de Enrico Caruso. Ese evocador ambiente, le dijo, seguramente despertaría el instinto romántico que la señora tenía adormecido. Siguió las instrucciones don Inepcio. Con su mujer hizo el viaje a la Perla del Adriático y contrató los servicios de un joven y guapo gondolero. La noche era de plenilunio, pero además había luna llena, dos circunstancias que rara vez se dan al mismo tiempo. El gondolero bogó hasta ponerse bajo el puente de Rialto y ahí empezó a tañer su mandolina, y procedió a cantar la primera estrofa de *Peppona*. Con ese fondo musical don Inepcio se aplicó a hacerle el amor a su esposa bajo el toldo colocado *ex profeso*. Pero la señora no daba trazas de sentir emoción. Después de un rato ella misma le hizo una propuesta a don Inepcio: "¿Por qué no dejas que el gondolero venga conmigo, y tú cantas las siguientes estrofas de *Peppona*?" A don Inepcio no le pareció mal la sugerencia, y cambió de sitio con el gondolero. Se puso a cantar *Peppona*, y el apuesto mancebo fue hacia la señora. En un dos por tres la llevó a un estado de amoroso éxtasis. "¿Cómo estás, mujer?" —le pregunta don Inepcio desde afuera. "¡Muy bien! —responde entre acezos la señora—. ¡Síguele! ¡Tú sí sabes cantar!"

EL MARIDO LLEVÓ a su esposa a montar a caballo. "Oye, Uxorcio —manifiesta temblando la señora—. Tú sabes que no he montado nunca a caballo y me dicen que éste, de nombre el Flamazo, es muy salvaje, de carácter violento, y que jamás ha sido montado por nadie". "Tú súbete, querida —responde el marido—. Aprenderán juntos".

Estudiantes

LA HIJA DE don Poseidón, rudo granjero, se fue a la ciudad a estudiar. Pocos días después la esposa de don Poseidón le informa a éste: "Recibí carta de Bucolia. Dice que ya la matricularon". "¿Lo ves? —prorrumpe don Poseidón—. ¡Te dije que algo malo le iba a pasar si se iba allá!"

EL DIRECTOR DEL internado amonestaba a los estudiantes varones: "Si alguno de ustedes es sorprendido en la habitación de una de las alumnas, la primera vez pagará una multa de 100 pesos; la segunda una de 200, y la tercera una de 300". "Disculpe, profesor —lo interrumpe uno de los estudiantes—. ¿Cuánto cuesta el abono para toda la temporada?"

DON POSEIDÓN LLAMÓ por teléfono a su hija, que estudiaba en otra ciudad. Le contesta su compañera de cuarto. Le pide él: "Comunícame con Susiflor". La chica le informa: "Está en la cama con hepatitis". "¡Dios Santo! —se consterna don Poseidón—. ¡Ahora un griego!"

PIRULINA, MUCHACHA COMPLACIENTE, fracasó en su examen de manejo: cada vez que el automóvil se detenía ella se pasaba al asiento de atrás.

UNA SEÑORA LE cuenta a su vecina: "Ando muy preocupada. Mi hija va a presentar examen de Educación Sexual, y le dijeron que el examen será oral".

LA UNIVERSIDAD TENÍA su equipo de futbol estudiantil. El mejor centro delantero era un alumno que andaba mal en clases: había reprobado Matemáticas. El director de carrera le comunicó que ya no podría seguir en el equipo. Va el entrenador a hablar con el funcionario y le dice: "Sin ese muchacho perderemos el campeonato. ¿No sería posible que el profesor le pusiera un nuevo examen, más sencillo?" El director, preocupado por la imagen deportiva de la institución, hizo llamar al maestro y le pidió que ahí mismo le aplicara otra prueba al alumno. Le explicó la situación: si la Universidad quería ganar el campeonato aquel muchacho tenía que jugar. El examen, pues, no debería ser muy riguroso. "Está bien —acepta el profesor—. Vamos a ver, joven. Tu examen consistirá en una sola pregunta: ¿cuántas son 2 y 2?" Después de pensar un rato arriesga tímidamente el jugador: "¿Cuatro?" "¡Ah! —interviene con desesperación el técnico—. ¡Maestro, dele otra oportunidad!"

EN LA CLASE de electricidad pregunta el maestro al distraído alumno. "Dígame, ¿cómo se hace tierra?" "¿Comiéndola?" —arriesga dudoso el escolapio—.

¿EN QUÉ SE parece un título profesional a un condón? En dos cosas: te lo dan enrollado y al día siguiente no sirve para nada.

AQUEL ADOLESCENTE, INTERNO en un colegio religioso, había puesto en la pared, sobre la cabecera de su cama, las páginas centrales de un ejemplar de la revista *Playboy* con la fotografía de una preciosa chica en traje de Eva y la inscripción *Playmate 1954*. El encargado del dormitorio le muestra aquello al director y le comenta: "Y ni cómo decirle nada, señor. Es su abuelita".

TALMACIO GARRICKÚ, POPULAR actor de teatro, fue a una ciudad famosa por las escuelas y facultades que tenía. Conoció a una pizpireta estudiante y tuvo ocasión de disfrutar su juvenil encanto. Terminado el trance amatorio le dice para cumplimentarla: "Voluptina: tienes todas las facultades que se necesitan para hacer el amor". "Sí —responde ella—. Pero nada más lo hago en las facultades de Medicina, Leyes, Ingeniería y Ciencias Químicas".

LA MUCHACHA DEL pueblo fue a estudiar a la universidad. Después de un año fuera de su casa regresa a su pueblo llorosa y compungida. "Papá y mamá —dice a sus progenitores—. Quiero comunicarles algo muy grave". "¿De qué se trata?" —pregunta alarmada la señora—. "*Pos* es que voy a ser mamá" —dice con mucha vergüenza la muchacha—. "¡¿Cómo?!" —se indigna el papá—. Después de todos los sacrificios que hemos hecho por ti, después del ejemplo que te hemos dado, después de todos nuestros desvelos, después de que te mandamos a estudiar a la universidad, ¿todavía vienes diciendo '*pos*'?"

LA INGENUA MUCHACHA dice a sus amigas: "Estaba sufriendo fuertes dolores de cabeza, y consulté a un pasante de Medicina. Tres veces a la semana me está haciendo una trepanación, y los dolores se me han ido quitando". "¡Oye! —se escandaliza una de las amigas—. ¡Una trepanación es peligrosísima! ¡Esa operación sólo la hacen los neurocirujanos!" "Las trepanaciones que me hace este muchacho no son nada peligrosas —dice la ingenua chica—. Nada más se me trepa".

EN UN COLEGIO inglés tres niños que estaban ahí internados se portaron mal. Uno era Johnny, norteamericano; el segundo era Hans, un alemán, y el tercero era Pepito, mexicano. Decreta el director: "Les daré diez azotes a cada uno con esta vara de membrillo. Sin embargo podrán protegerse con una cubierta del material que quieran, para hacer menos dolorosa la golpiza". Johnny, el americanito, dijo que se cubriría con su gruesa chaqueta de piel de bisonte americano. El director, sin embargo, era tan diestro en castigar que los varazos hicieron perder el sentido al pobre niño, a pesar de su cubierta protectora. Hans, el niño alemán, dijo con tono desafiante: "No necesito yo cubierta alguna. Sin quejarme recibiré los golpes a cuerpo vivo. *Deutschland über alles*!" Así sucedió, en efecto: pese a que el barbárico dómine británico se esforzó en la tunda no consiguió arrancar al pequeño germano ni un quejido. Llega el turno de Pepito, el mexicano. Le pregunta el salvaje cómitre: "Y tú ¿con qué te vas a cubrir?" Responde sin vacilar Pepito: "Con el alemán".

:.

Exploradores

EL EXPLORADOR LLEGÓ a una aldea perdida en lo profundo de la selva africana, "ahí donde la mano del hombre jamás ha puesto el pie". En las puertas del villorrio fue recibido por un negro descomunal que empezó a auscultarlo. El explorador pensó que el sujeto le buscaba entre la ropa artículos prohibidos. "¿Es usted inspector de aduanas?" —le pregunta algo molesto. "No —responde el africano—. Soy inspector de alimentos".

EL AUDAZ EXPLORADOR iba en lo más profundo de la selva acompañado por un guía nativo. De pronto los tambores de la jungla empezaron a sonar con ominoso ruido. El explorador embrazó su rifle, cortó cartucho y exclamó con firme y desafiante voz: "¡Venid, salvajes! ¡Vuestros tambores no me arredran! ¡Aunque solo, estoy dispuesto a vender cara mi vida! ¡Venid, bárbaros, para que veáis cómo sabe morir el hombre blanco!" "Cálmese, *bwana* —le dice el guía—. Los tambores lo único que están diciendo es: `Viene un turista, muchachas. Suban el precio'".

AFRODISIO PITONGO, GALÁN concupiscente, le dice a la ingenua chica: "Eres todo mi mundo, Dulcilí. ¿Me permites explorarte?"

EL EXPLORADOR BLANCO le pregunta al piel roja: "¿Qué fue de aquella hermosa doncella de tu tribu, aquella linda *sqwaw* llamada Cristal del Viento?" Responde con voz hosca el indio: "Nos atacaron los Yellowdongs y se llevaron a nuestras mujeres. Ahora Cristal del Viento llamarse Vidrio Soplado".

Extranjeros

DESPUÉS DE UNA noche de farra en la ciudad, un escocés vestido con su típica falda, tonelete o *kilt* subió al tren de regreso a su pueblo, e inmediatamente se quedó dormido en su asiento. Acertaron a pasar por ahí dos chicas retozonas y vieron al escocés roncando con gran sonoridad. Validas de la ocasión decidieron averiguar si los escoceses llevan alguna prenda debajo de la falda. Hicieron la respectiva inquisición y descubrieron que el atavío masculino típico de Escocia no incluye ropa interior, y en broma le ataron al escocés "ahí" un listoncito de color azul. A poco despertó el sujeto. Sintió algo raro, se levantó la falda y vio el listón. "Oye —le dice a su entrepierna—. No sé en qué pasos anduviste anoche, pero por lo visto ganaste el primer premio".

AUSSIE MOUTTON, JOVEN australiano de fuerte consistencia, viajó a Nueva York. Lo primero que hizo al desembarcar fue conseguirse una *call girl*. Cuando la tuvo en el cuarto del hotel procedió a sacar al corredor todos los muebles de la habitación, incluida la cama. Le pregunta con inquietud la sexoservidora: "¿Qué vas a hacer conmigo en esa habitación vacía?" "No lo sé exactamente, señora —responde Aussie—. Pero si la cosa con usted es igual que con un canguro, voy a necesitar todo el espacio disponible".

UNA JOVEN MUJER de Buenos Aires le dijo a su marido: "Me gustaría hacer el amor afónica". "¿Afónica? —se sorprendió el che—. ¿Qué querés decir?" Explica ella: "Sin vos".

¿QUÉ HACEN LOS chinos cuando tienen una elección? Hacen el amor.

INUIT, LINDA MUCHACHA esquimal, pasó una noche —una nada más— con su novio Nanook. Al término de esa noche descubrió que tenía seis meses de embarazo.

ZEUS, EL DIOS más grande del Olimpo, paseó su vista por la tierra desde su trono en las alturas, y vio a una hermosísima doncella que se bañaba desnuda en las aguas de un riachuelo. Bajó al punto, y poseyó a la joven apasionadamente. Al terminar aquel lúbrico trance le dice Zeus a la muchacha: "Dentro de nueve meses darás a luz un hijo muy fuerte, y lo llamarás Hércules". Replica la hermosísima doncella: "Y dentro de nueve días tú sentirás una muy fuerte comezón, y la llamarás herpes".

UN INDIVIDUO LLEGÓ a la casa de mala nota y preguntó por Bedellia. Le dice la dueña del establecimiento: "De todas las chicas que aquí tengo Bedellia es la más cara. Cobra mil dólares por sus servicios. ¿Dispone usted de esa cantidad?" "Sobradamente" —responde sin vacilar el individuo—. Fue conducido, pues, a la habitación de Bedellia, y ahí se refociló con ella en forma que habrían aprobado lo mismo el autor —o autora— del Kama Sutra que Masters y Johnson, eminentes sexólogos modernos. Al fin de la fornicación le entregó la convenida cantidad. Al día siguiente llegó otra vez el visitante y pidió por segunda ocasión los servicios de Bedellia. Yogó de nueva cuenta con la hurí en modo competente —así lo indicaron los acezos, jadeos, suspiros, ayes, gritos y ululatos de la joven cortesana— y le entregó al final el pago de mil dólares. Se sorprendieron todos la siguiente noche cuando apareció por vez tercera el visitante, y pidió una vez más la presencia de Bedellia. Con ella estuvo igual que las pasadas veces, en coición perfecta. Exhausta, feble, poseída por esa dulce languidez que invade al cuerpo tras el cumplido amor, Bedellia recibió los mil dólares que le entregó el sujeto, y luego le preguntó, halagada por la asiduidad con que por él era requerida: "Jamás un hombre había estado conmigo tres noches sucesivas, por lo elevado de mi tarifa, costo, tasa, cuota, honorarios o arancel. Tú, sin embargo, has pagado sin vacilar el precio. ¿De dónde eres?" Contesta el hombre: "Vengo de Poughkeepsie, condado de Dutchess, Nueva York". "¿Poughkeepsie? —se asombra la muchacha—. ¡Tengo una hermana ahí! ¡Estudia en el colegio de Vassar!" "La conozco —replica con flema el individuo—. Soy su abogado. Murió el papá de ustedes, y tu hermana me pidió que te trajera los 3 mil dólares que te correspondieron de la herencia".

VENANCIO, ISIDRO Y Pacorro discutían acerca de sus respectivas esposas. Cada uno sostenía que la suya era más tonta que las otras. "Mi mujer —empieza Venancio— es tan tonta que cuando nuestra hija nos pidió una enciclopedia le preguntó para qué la quería, si la escuela estaba cerca y podía ir caminando". "La mía es más necia —sigue Isidro—. Una vez iba con una amiga y vieron a Antonio Banderas en la calle. Mi mujer llevaba su cámara fotográfica, y le pidió a Banderas que por favor les tomara una foto a ella y a su amiga". "Mi esposa es la más tonta de las tres —tercia Pacorro—. Se fue de vacaciones a Torremolinos, ella sola. En su bolso llevaba una docena de condones. ¡Y ni siquiera es hombre!"

UN CABALLERO INGLÉS cortejó a cierta solterona texana, de posibles. Le prometió que si se casaba con él la llevaría a comer en sitios que evocaban la realeza. Ella aceptó. Y el sujeto, después de gastarse todos los ahorros de la dama, la llevó a comer un día en el Burger King y otro en el Dairy Queen.

AQUEL CUBANO IBA por una calle de la ciudad de México siguiendo a una guapa chica. Le decía una y otra vez. "¡Me guta ete país!" Harta de oír aquello la muchacha se vuelve indignada hacia el cubano y le dice: "¡Está bien! ¡Ya me enteré de que le gusta este país!" "¡No, chica! —aclara el cubano apuntándose con el dedo y luego apuntando a la muchacha—. ¡Me gusta éste pa' ahí!"

EN UN PUEBLITO de Andalucía pregunta una gitana a otra: "Oye, Zoraida, ¿has hecho el amor a oscuras?" "Sí —responde ella—. Y a os guardias civiles, y a os sordaos, y a os arcaldes y a todos".

DICE UN PARISINO a un norteamericano: "Estoy escribiendo un libro con base en las experiencias que he tenido a lo largo de mi vida. El libro se llamará *Mil posiciones para hacer el amor*". "¡¿Mil posturas?! —se asombra el norteamericano—. ¡*My gosh*, yo solamente conozco una!" "—¿Ah, sí? —se interesa de inmediato el parisino—. ¿Cuál es?" El norteamericano responde que la normal, la natural, la del misionero, y a petición de su interlocutor procede a describirla. "¡*Parbleu*! —exclama entusiasmado el francés—. ¡Mil y una posturas para hacer el amor!"

ALGUIEN LE DIJO a un argentino: "Cuando perdieron ustedes la Guerra de las Malvinas..." "¡Momento, che pibe! —lo interrumpe el porteño—. No perdimos: quedamos subcampeones".

EN LA MATERNIDAD de un pueblo sureño de Estados Unidos la enfermera le informa a un hombre blanco: "Su esposa tuvo trillizos". Exclama con orgullo el individuo: "¡Es que tengo un cañón muy poderoso!" Le dice la enfermera: "Pues haga que le limpien el cañón, porque los niños salieron negritos".

UN HOMBRE FUE arrojado a la cárcel en cierto país totalitario. Le dice a su compañero de celda: "Me condenaron a 20 años de prisión". Le pregunta el otro: "Pues, ¿qué hiciste, chico?" "Nada" —responde tristemente el nuevo huésped—. "Eres un mentiroso —responde el veterano—. Por no haber hecho nada sólo te dan diez años".

☺

Extraterrestres

ESTABA UNA MUJER en cierto bar y se sentó a su lado un tipo de aspecto extravagante. "Advierto en ti algo raro" —le dice la mujer. "Eres buena observadora —responde el individuo—. Soy uno de esos que ustedes llaman *alien*. Acabo de llegar de Marte". Se pusieron a platicar los dos, y tras un par de copas la charla se volvió íntima. "Dime —pregunta la mujer—. ¿Cómo hacen el amor ustedes los marcianos?" "Con el dedo —responde el extraño ente—. Tocamos a nuestra pareja y así se consuma la unión corporal". "Me gustaría probar" —sugiere la mujer—. El marciano pone su dedo en el brazo de la chica. Ésta comienza a sacudirse toda y a respirar con agitación. Pone los ojos en blanco; lanza luego un ululato de éxtasis y enseguida su cuerpo se afloja y ella queda lasa, lánguida, agotada, como quedan los cuerpos tras el deliquio del amor. "¡Estuvo sensacional! —alcanza apenas a decir—. ¡Házmelo otra vez!" El marciano le muestra el dedo dobladito y le dice: "Tendrás que esperar una media hora".

Sexo

LOS MARCIANOS CAPTURARON a una pareja de terrícolas. Querían ver cómo se reproducían. El hombre y la mujer hicieron la demostración. Pregunta el jefe de los alienígenas: "Y ¿cuándo nacerá la nueva criatura?" Responde el hombre: "Dentro de nueve meses". El marciano se asombra: "¿Y entonces por qué al final se dieron tanta prisa?"

UN SORDOMUDO TENÍA a su cargo el discurso oficial en cierta ceremonia. Alguien que conocía el lenguaje de las señas llegó a servir de traductor. El sordomudo empezó apuntando con el dedo a una mujer y a un hombre, tras de lo cual, ante el asombro del respetable público, imitó los movimientos del acto del amor. Sin inmutarse interpretó el traductor: "Señoras y señores: me causa un gran placer..."

EN EL RANCHO hacía un frío que calaba hasta los huesos. Envueltos en sus cobijas, y recargados en la pared externa de un jacal, dos compadritos tiritaban sin poderse calentar. Le dice uno al otro: "Oiga, compadre: he oído decir que con un dedo allá donde le platiqué se quita el frío". Responde con asombro el otro: "¿Será posible, compadre? ¡Haiga cosas! A ver, voy a probar". "No —aclara el otro—. Tiene que ser con dedo ajeno. Usted me quita el frío a mí, y yo a usted". Así lo hicieron. Y en efecto, el remedio probó ser cierto y eficaz: a los dos los invadió un grato calorcillo, y pronto se quedaron bien dormidos. Pero en aquella tibieza a uno de los compadres el dedo se le empezó a deslizar de donde estaba. Despierta el otro, y le reclama con enojo: "¡Epa, compadre! ¡No descobije!"

PEPITO IBA A cumplir 5 años. Su papá, contratista de la construcción, le preguntó qué quería como regalo de cumpleaños. Respondió el chiquillo: "Quiero un hermanito". "Hijo —sonríe el señor—. Falta sólo una semana para tu fiesta. En ese tiempo no puedo tenerte listo el hermanito". Sugiere el niño: "¿Por qué no haces como en el trabajo? Contrata más hombres para que te ayuden a terminar a tiempo la obra".

EN LA BARRA de la cantina un hombre solitario le daba un trago a su copa y luego vertía un poco de la bebida en la palma de su mano. Le pregunta el cantinero, sorprendido: "¿Qué hace usted?" Explica el individuo: "Estoy procurando que se ponga alegre mi cita de esta noche".

UN SEÑOR Y su esposa cumplieron 35 años de casados (bodas de coral). Por esos mismos días ambos llegaron a los 60 años de edad. Decidieron celebrar sus aniversarios en términos modernos, vale decir, de libérrima apertura: cada uno iría por su lado a donde le viniera en gana, y festejaría la ocasión como quisiera. Ella escogió ir a Cancún; él prefirió Acapulco. Por medio de mensajes se comunicarían sus respectivas experiencias. Recibió la señora el de su marido. "Conocí a una mujer extraordinaria. Tiene 30 años. La estoy pasando fantástico. ¿Te imaginas? ¡60 con 30!" Responde la señora: "Querido: yo conocí igualmente a un hombre extraordinario. También tiene 30 años. Y la estoy pasando doblemente fantástico, porque tú y yo sabemos que 60 no entra en 30, pero 30 entra dos veces en 60".

"¡EL MUNDO VA directo hacia su perdición! —clamaba el predicador con voz altitonante—. ¡Todo es promiscuidad sexual! Ya no sólo lo hacen él con ella y ella con él: ahora también lo hacen él con él, y ella con ella. ¡Qué escándalo!" Pepito se inclina hacia su compañero de banca y le dice al oído: "Se le olvidó lo de yo con yo".

PREOCUPADO POR EL problema de la obesidad, he inventado un método para quemar calorías por medio de la actividad sexual. He aquí la tabla respectiva. Por quitarle la ropa a tu pareja. Con su consentimiento: 5 calorías; sin su consentimiento: 3,456. Por ponerte el preservativo. Con erección: 3 calorías; sin erección: 17,025. Posiciones. Del misionero: 11 calorías; otras: de 426 a 1,054; salto del tigre: 114,983. Orgasmo. Real: 227 calorías; simulado: 1,314. Después del orgasmo. Por quedarte dormido y roncar: 2 calorías; por abrazarla, decirle palabras de cariño, y escuchar su conversación: 858,990 calorías. Por volverte a vestir. En circunstancias normales: 18 calorías; con prisa por salir: 1,569 calorías; si su marido acaba de llegar: 1'874,226 calorías.

Farmacéuticos

EL EMPLEADO DE la farmacia se jactaba de que podía adivinar, tan pronto un cliente entraba, lo que iba a pedir. El dueño le dijo que si acertaba tres veces seguidas le daría un aumento de sueldo. Entró una señora de cara hosca. "Pedirá un laxante" —dijo el dependiente—. En efecto, eso fue lo que la mujer pidió. Llegó un señor de edad madura. Y aventuró el empleado: "Pedirá una pastilla que le aumente la viripotencia". Y acertó. Entró una muchacha joven. Arriesgó el empleado: "Pedirá un paquete de toallas sanitarias". La chica pidió una caja de supositorios. Le dice el jefe al empleado: "Te equivocaste". "Sí —reconoce él—. "Pero sólo por un centímetro".

LA CURVILÍNEA PELIRROJA le pidió al encargado de la farmacia: "Me da unas píldoras anticonceptivas para la respiración". "Perdone usted —responde el farmacéutico—. Las píldoras anticonceptivas no son para la respiración". "Claro que sí son —replica la muchacha—. Yo las tomo, y al día siguiente respiro tranquila".

LA SEÑORITA CELIBERIA Sinvarón y su amiguita Solsticia tenían en sociedad una farmacia. Cierto día llegó un sujeto con aire angustiado. Le dice a la señorita Celiberia: "Padezco una erotomanía incontenible: cada hora tengo que hacerle el amor a una mujer, o si no me vuelvo loco. ¿Qué me puede dar?" "Permítame un momentito" —le pide la señorita Celiberia—. Regresa un minuto después y dice al tipo: "Consulté el caso con mi amiga. Podemos darle un coche y la mitad de la farmacia".

HIMENIA CAMAFRÍA, MADURA señorita soltera, vio en el buró de su amiguita Solicia Sinpitier, añosa célibe como ella, una profusa dotación de píldoras anticonceptivas y otros medicamentos y artilugios tendientes a evitar el embarazo. "Todos los días los compro —le confió Solicia—. Voy a mañana y tarde a la farmacia". "¡Pero si ni siquiera tienes novio! —se asombró Himenia—. ¿A quién estás tratando de seducir?" Responde la señorita Sinpitier: "Al farmacéutico".

UN INDIVIDUO LLEGÓ a una farmacia y pidió un paquetito de condones. Le dijo con sonrisa traviesa al farmacéutico: "Hoy es el cumpleaños de mi novia, y a la noche voy a hacerle un regalito". Sonríe también el farmacéutico, y con un guiño cómplice le pregunta al tipo: "¿Quiere usted que le envuelva para regalo la caja de condones?" "No —replica el individuo—. Ellos precisamente son la envoltura del regalo".

EL FARMACÉUTICO FUE al banco, y dejó la farmacia a cargo de uno de sus hijos. Le recomendó que atendiera solamente los pedidos acompañados de receta; los otros ya los vería él a su regreso. Mas sucedió que un hombre llegó poseído por gana irrefrenable de rendir un tributo mayor a la Naturaleza, y le pidió al jovenzuelo algo que lo ayudara a contener tal ansia. El muchacho se resistía a darle algún medicamento, pero el señor insistió con muy premioso afán: si no le daba algún remedio, dijo, ahí mismo sucedería algún desaguisado. Temeroso, el muchacho le dio unas pastillas. El apurado tipo las consumió en el acto, tras de lo cual se retiró. Poco después llegó el farmacéutico, y su hijo le contó lo sucedido. "¡Por Avicena, Banting, Bernard, Carrel, Esculapio, Fleming, Galeno, Hahnemann, Hipócrates, Jenner, Koch, Lister, Paracelso, Paré, Pasteur, Pauling, Salk y Wassermann!" —juró el de la farmacia—. Y añadió: "Perdón si omití a alguno". Le recordó el muchacho: "Don Santiago Ramón y Cajal". "Ah, sí —reconoció el farmacéutico—. Pido disculpas a los tres". Preguntó luego a su hijo: "¿Qué le diste a ese desdichado?" "Pastillas de Valium" —respondió el mozo—. "¡Lacerado! —clamó el apotecario—. ¡Eso no es para contener los pujos del estómago! ¡Iré a buscar al infeliz!" Salió, y preguntó a los vecinos si habían visto al hombre, y qué rumbo tomó. Le dice uno: "Yo vi a un señor que iba en dirección del parque". Allá fue el de la botica y, en efecto, vio al hombre sentado en una banca. Se dirige hacia él y le pregunta lleno de inquietud: "¿Cómo está usted?" "Muy bien, señor —responde el caballero cortésmente—. Bien batido, pero muy tranquilo".

UNA MUJER LLEGÓ a la farmacia y preguntó al encargado: "¿Venden aquí condones extralargos?" "Sí —contesta el hombre—. ¿Quiere uno?" Responde ella: "No. ¿Le importa si me siento a esperar que llegue un cliente y lo pida?"

Genios

UN HOMBRE CAMINABa por la playa. Las olas arrojaron a sus pies una lámpara como la de Aladino. La frotó, y apareció ante él un genio de Oriente. "Me has liberado de mi prisión eterna —le dijo—. Pide tres deseos". Habló el sujeto: "Quiero ser el más rico de los hombres". El genio hizo un ademán y ante el feliz mortal desfilaron banqueros de todo el mundo que le colmaron de riqueza. "Ahora —demanda el tipo— quiero ser el hombre más guapo del mundo". Hizo otro ademán el genio y el individuo se vio convertido en un ejemplar masculino comparado con el cual Adonis sería Quasimodo. "Di tu tercer deseo —pide el genio. Responde el individuo: "Quiero ser más inteligente que cualquier hombre sobre la faz de la Tierra". Se queda pensando el genio un momentito y luego le dice: "Está bien. Pero ¿no te importará tener dos o tres días incómodos al mes?"

EL MARIDO LLEGA a su casa, cierra la puerta con estrépito y cantando sube por la escalera que conducía al segundo piso. Entra en la recámara y ve a su señora sobre la cama, en *pelletier*, respirando agitadamente y con una lamparilla en la mano. "¿Qué haces?" —le pregunta. "Nada —responde con nerviosismo la mujer—. Limpiaba esta lámpara". "Bien —dice el marido—. Nada más vine por mi raqueta. Voy al club; al rato vengo". Y así diciendo se marcha. La señora entonces le dice a la lámpara: "Podemos continuar, genio. Ya se fue".

LA GENTE SE asombraba al escuchar una voz que salía de un montón de cemento. Repetía esa voz con insistencia: "¡Tizna a tu madre, genio! ¡Tizna a tu madre, genio!" Un señor, intrigado por aquellas palabras sonorosas, pregunta en alta voz dirigiéndose al montón de cemento: "¿A qué genio te refieres?" "A uno que no sabe orto-grafía —responde la misteriosa voz—. Me dijo que me cumpliría un deseo, y le pedí que me convirtiera en un semental".

CADA AÑO SIN fallar ninguno llegaba a la cantina de aquel barrio, el día último de diciembre, un individuo solitario, y esperaba en una mesa. Entraba a poco un negrazo, se dirigía hacia él y lue-go de hacerle una profunda reverencia le decía solemnemente: "Tampoco este año manché nada, amo". Luego de decir eso el hombrón de color se retiraba. Entonces el solitario parroquiano se ponía a beber copa tras copa hasta quedar borracho perdido. En una de esas veces el tabernero no pudo contenerse más, y le pidió al bebedor que le explicara —si se podía saber— el sentido de aquella extraña visita, digna de uno de los misterios que proponía Chesterton a través del padre Brown, y la causa de la subsecuente pea anual. El hombre accedió a aclararle esos enigmas. "Hace cinco años —empezó a narrar— iba yo por este barrio, y en un basurero vi tirada una lámpara de forma extraña. La recogí, la froté para limpiarla, y de la lámpara salió un genio de Oriente. Me dijo: 'Pídeme un deseo, amo. Lo que quieras te voy a conceder'. Pude haberle pedido cualquier cosa: riqueza, mujeres, sabiduría... Pero ¡ah, esta maldita boca mía! Aquello me sorprendió tanto que no me pude contener y dije: '¡No manches!' Ahora cada año viene el genio a informarme que mi deseo está siendo cumplido".

Héroes

SE REUNIERON LOS hijos de los grandes héroes de las tiras cómicas para escuchar una conferencia de motivación. "Sus padres son extraordinarios personajes —les dice el conferenciante después de exhortarlos a ser águilas y no gallinas—. Deben ustedes estar orgullosos de sus papás, y prometerme que seguirán sus huellas". Todos los niños hicieron la promesa: el hijo de Superman; el de Batman y Robin (también en eso trabajaron juntos); el de Aquaman. Sólo un niño se resistió. "En eso de seguir las huellas de mi padre —dice al conferencista— no puedo prometerle nada". "¿Por qué? —se asombra el tipo. Explica el chiquillo: "Soy hijo del Hombre Invisible".

Hombres

"SEÑOR: ¿QUÉ OPINA usted de la capa de ozono?" "Si se portó mal estoy de acuerdo: que lo capen".

MISTER LENN O'CINNIO fue llevado ante el juez por haber prestado su casa para la celebración de una orgía. "¡No era una orgía, señor juez! —protesta—. ¿Acaso nunca ha visto usted a 120 personas enamoradas entre sí?"

"HASTA LUEGO, PRECIOSA. Si dentro de poco te empieza a crecer la barriguita, ya sabrás qué es". "Muy bien. Y si dentro de poco empiezas a sentir una comezoncita en cierta parte, también ya sabrás qué es".

A AQUEL HOMBRE le decían "La comedia breve". No pasaba del primer acto.

ERAN LOS TIEMPOS de la esclavitud en los Estados Unidos. El propietario de una plantación en Nueva Orléans tenía un negro enorme llamado Brisky Dick, famoso por su capacidad fecundativa. Corrían leyendas acerca de las formidables dotes genésicas del poderoso padreador: en cierta ocasión pasó el coro femenino de la Iglesia del Verdadero Apocalipsis cerca del tendedero donde Brisky Dick había puesto sus calzones a secar, y salieron embarazadas todas las cantantes, excepción hecha de una contralto gorda que hasta después se supo era en realidad un barítono gay. Pues bien: sucedió que un amigo del dueño de aquel semental humano se lo pidió prestado, pues tenía puras esclavas. Brisky Dick hizo el viaje a la plantación del tipo, situada 200 millas al norte Mississippi arriba, fecundó a las 50 negritas del establecimiento y regresó a su casa. "¿Cómo te fue?" —le pregunta su amo—. "Bien, *master* Scourge, responde Brisky Dick—. Pero fue mucho viajar para una chambita de dos horas".

HOMBRE Y MUJER listos: romance. Hombre más listo que la mujer: aventura. Mujer más lista que el hombre: compromiso. Hombre y mujer nada listos: embarazo.

CIERTO INDIVIDUO CONOCIÓ en el bar a una muchacha alta, de anchas espaldas y membrudos brazos. Al principio le pareció algo hombruna, pero dos o tres copas le dieron a la mujer un encanto que al principio no había advertido el tipo. Para acortar la historia —ninguna de estas historias suele ser muy larga—, luego de un rato de conversación terminaron en un cuarto de hotel. Acabada la refocilación que los había llevado ahí, la mujer se puso a ver con morosa delectación la entrepierna de su galán, al tiempo que le hacía afectuosos cariñitos en esa parte. Le pregunta el otro: "¿Por qué haces eso con mi atributo varonil?" Responde ella: "Es que a veces extraño mucho el mío".

AQUEL SEÑOR ESTABA chapado a la antigua; no le gustaban las actuales modas femeninas. Decía: "Con pantalones unas mujeres se ven masculinas, y otras se ven masculonas".

UN INDIVIDUO LE comenta a otro: "Según una estadística, el 90 por ciento de los hombres hacen cosas consigo mismos cuando están en la bañera. Sólo el 10 por ciento de ellos se ponen a pensar. Y

¿sabes qué es lo que piensan?" Contesta el otro: "No sé". Y dice el primero: "Ya me lo suponía".

AFRODISIO PITONCIO, GALÁN concupiscente, logró al fin que Dulcilí, muchacha ingenua, le hiciera dación de la preciosa gala de su doncellez. Se sorprendió, sin embargo, al ver que en el curso de las eróticas acciones la cándida muchacha no dejaba de hablar. Mientras Pitoncio ponía toda su vehemencia en *the old in and out* que dijo Burgess, Dulcilí le narraba los nimios detalles de su vida diaria, le comentaba el último capítulo de la telenovela que veía, y hasta le daba a conocer el pronóstico del tiempo para la próxima semana. Notó Pitoncio, preocupado, que la palabrería de la muchacha estaba haciendo que se le bajara... la concentración, de modo que le preguntó, impaciente: "¿Por qué hablas tanto mientras hacemos esto?" Y contestó Dulcilí: "Es que he oído decir que a los hombres les gusta el sexo oral".

EL SEÑOR DIO vida a Adán, y enseguida le comunicó: "Te tengo dos noticias: una buena y una mala. La buena es que te di un gran cerebro y otra parte también muy importante. La mala es que sólo podrá operar una de esas dos cosas a la vez".

LA MUJER QUE estaba disertando en público era una violenta feminista. "A ver —proclama retadora—. Les hago esta pregunta a los varones que me escuchan: si no fuera por la mujer, ¿dónde estaría el hombre?" Le responde una voz masculina: "En el Paraíso Terrenal, comiendo fresas y rascándose los estos".

"TRAE USTED ESCOTE de telenovelas" —dice el señor en la fiesta a la dama de atrevido escote. "¿Por qué?" —pregunta ella—. "Porque quisiera uno ver lo que sigue" —contesta el señor.

"AHORITA VENGO —DICE en el restaurante un individuo—. Voy a ver a mi chica". Y fue al pipisrúm.

UN ESTUDIO RECIENTE ha demostrado que el 60 por ciento de los varones mexicanos sufren de obesidad. Quienes forman el restante 40 por ciento también tienen obesidad, pero no sufren. Les vale madre.

EL HOMBRE TIENE dos edades: aquella en que quiere ser fiel y no puede, y aquella en que quiere ser infiel y tampoco puede.

UN TIPO LLEGÓ a una cantina. Llevaba la cabeza vendada, el brazo derecho en cabestrillo, lucía un ojo morado y traía moretones por todas partes. "¿Qué te pasó?" —le pregunta el cantinero—. ¿Te atropelló un camión?" "No —mascula el individuo—. Tuve una pelea con el señor Pulgárez". "¡El señor Pulgárez! —se asombra el de la taberna—. ¡Pero si es un señor flaco y chaparrito!" "Sí —reconoce el otro—. Pero traía una pala, y con ella me golpeó". Inquiere el cantinero: "¿Y tú no tenías nada en las manos?" "Sí —dice el sujeto—. Tenía las pompas de la señora Pulgárez, pero en ese momento no me sirvieron para defenderme".

FUE UN SEÑOR al pipisrúm de la cantina. Frente a uno de los mingitorios —este voquible ya se oye solamente en la jerga cantinera— vio a un pobre tipo que se angustiaba por las intensas ganas de hacer aguas menores. No las hacía, sin embargo, pues el infeliz tenía los brazos rígidos, como paralizados. "¡Qué bueno que llega usted, señor! —profiere el desdichado—. ¿No sería tan amable de ayudarme? Bájeme por favor el zíper de la bragueta". El hombre, algo desconcertado, pero compadecido, realizó aquella acción. "Ahora —siguió el otro— le suplico que saque lo que por mí mismo no puedo yo sacar, y sostenga por un momento lo que no puedo yo sostener". Quiso negarse el señor, pero sintió pena por el desventurado, y accedió también a aquella insólita demanda. Así ayudado el hombre hizo lo que había ido a hacer. "Gracias —suspira ya aliviado—. Un último favor: sea ahora tan gentil de dar las tres consabidas sacudiditas y volver todo a su estado original". Cumplió también el caballero esa solicitación, acabado lo cual le preguntó al sujeto: "¿Cómo fue que perdió usted el movimiento de los brazos, buen hombre?" "No lo perdí —responde el tipo—. Los puedo mover perfectamente. Pero le pedí que me ayudara en esto porque yo soy muy asqueroso".

LE PREGUNTA UN tipo a otro: "¿Qué harías si llegaras a tu casa y encontraras a tu esposa con un hombre?". Contesta el otro: "Le mataba el perro al desgraciado". "¿Cuál perro?" —se extraña el amigo. "No sé cómo se llaman —replica el sujeto—. Esos perros que guían a los ciegos".

LE DICE UN tipo a otro: "Anoche fui a un restaurante de lujo, y disfruté de una cena ovípara". "Querrás decir 'opípara' —lo corrige el otro. 'Ovípara' viene de huevo". "Precisamente —replica el tipo—. La cena me costó uno".

LE CUENTA UN individuo a otro: "Cada fin de semana llevo a mi esposa al bosque". "¿Le gusta mucho?" —inquiere el otro. "Supongo que no —responde el individuo—, porque siempre halla el camino de regreso, y para el martes ya la tengo otra vez en la casa".

UN MAJADERO INDIVIDUO le comentó en una fiesta a don Minicio, señor corto y retraído: "A mí me gustan las mujeres con muchas pompas". Replica quedamente don Minicio: "Yo me conformo con que tengan dos".

Golf

ESTÁN TRES AMIGOS platicando. Dice uno: "Me han recomendado jugar golf. Me dicen que a nuestra edad ese deporte es muy bueno para la salud. Además es muy barato. Todo lo que se necesita son unos bastones, una pelotita y un agujerito. Si ustedes quieren jugar, yo pongo los bastones". "Y yo —dice el segundo amigo—, pongo la pelotita". "Y yo no juego" —dice el tercer amigo—.

UN GOLFISTA IBA por el campo con cuatro jovencitos que le ayudaban a cargar el equipo. "¿Cuatro *caddies*?" —le pregunta un compañero del club—. "No son *caddies* —responde el golfista—. Mi mujer quiere que pase más tiempo con los hijos".

UN MAL GOLFISTA aficionado dio un pésimo tiro y envió su pelotita al *rough*. La buscaba entre los matorrales cuando de pronto vio a una bruja ocupada en menear el hirviente brebaje de un caldero. "¿Qué es eso?" —preguntó el golfista—. "Es una poción mágica —le contestó la bruja—. Quien la beba se convertirá en el mejor golfista del mundo". "¡Dámela! —pidió el golfista ansiosamente—. ¡Pagaré lo que sea!" "No tienes que dar ningún dinero —le dice la hechicera—. El precio que pagarás es otro: serás el mejor golfista del mundo, sí, pero tu vida sexual será muy mala". "¡No importa! —clama el hombre—. ¡Déjame beber!" Le dio la bruja una copa del mágico potingue y bebió el hombre. Al día siguiente venció al profesional del club. Una semana después conquistó el campeonato del Estado. Luego obtuvo la Copa Nacional. Después, en el término de un año, venció a los mejores golfistas del mundo y ganó todas las copas en los más importantes torneos internacionales. Volvió a su pueblo y fue a darle las gracias a la bruja. "Cumpliste lo prometido —le dijo—. Me hiciste el mejor golfista en la historia del deporte". "¿Y cómo anda tu vida sexual?" —pregunta la bruja con curiosidad—. Responde el individuo: "En este último año lo he hecho unas seis veces". "¿Lo ves? —le dice la bruja con burlón acento—. Te advertí que tu vida sexual sería muy pobre". "No está del todo mal —replica el tipo—. Hay que tomar en cuenta que soy cura y que antes de esto no lo hacía nunca".

NAPO DOUGHMAKER, RIQUÍSIMO banquero californiano, se hallaba en Nueva York en viaje de negocios. A las cuatro de la mañana sonó el teléfono en su suite ejecutiva del Waldorf. Quien llamaba era Pancho el Mexicano, encargado de cuidar la finca campestre que en La Jolla tenía el potentado. "Señor Napo —le dice Pancho en su trabajoso inglés—. Le hablo para decirle que murió su perro Bluff". "¡Falleció Bluff! —se consternó el banquero—. ¡Cómo es posible! ¡Era un pomerano campeón! ¡Diez listones azules de primer lugar conservo de él! ¡Me costó una fortuna! Pero en fin; son cosas que suceden. Dime: ¿de qué murió el pobre animalito?" Responde Pancho: "Murió por comer carne en mal estado". *Mister* Doughmaker se sorprendió al oír aquello. "¿Y por qué comió carne envenenada?" —le preguntó al cuidador—. Explica Pancho: "Es que también murió el caballo que tenía usted en la cuadra. El perro comió de su carne, y se envenenó". Gime el magnate: "¿Dices que murió Thunder, mi gran caballo de carreras? ¡Dios bendito! ¡Lo compré en diez millones de dólares, y tuve que dar además mi colección de libros de Catón! ¡Ese caballo descendía de Citation! ¡Fue ganador del Derby de Kentucky, y triunfador también en Belmont, Jamaica, Santa Anita y Pimlico! Pero está bien: son cosas que no se pueden remediar. Habrá que recibir sin quejas ese funesto golpe de la mala suerte. ¿De qué murió el caballo?" Contesta Pancho: "Lo reventó el esfuerzo que hizo al tirar de un camión cisterna lleno de agua". "¿Agua? —se inquieta el banquero—. ¿Para qué era esa agua?" "Para apagar el incendio de su casa, señor Napo —responde el cuidador—. Una vela cayó del candelero; cogieron fuego las cortinas, y todo se quemó. No quedó piedra sobre piedra!" "¡Santo cielo! —clamó el rico hombre—. ¿Quieres decir que mi mansión de cien millones fue destruida por una vela? He aquí un golpe más de la fortuna. ¡Cuánta calamidad,

Dios mío! Y sin embargo nada se puede hacer ante el destino. Recibo pues con entereza y ánimo tranquilo ese otro embate de la vida. Pero, dime: ¿qué hacía ahí esa vela, si en la casa hay electricidad?" "Usamos velas en el funeral, señor" —le dice Pancho—. "¿Funeral? —balbuceó *mister* Doughmaker, asustado ya por tantas malas noticias—. ¿De qué funeral hablas?" "Del de su esposa, señor Napo" —contesta tristemente el mexicano—. "¿Murió mi esposa, dices? —solloza el potentado—. ¡Era el amor de mi vida, la madre de mis hijos, mi adoración, mi todo! ¡Nuestro matrimonio duró cuarenta años! Pero en fin: también ante esto hay que tener resignación cristiana, y doblegarse ante la voluntad de Dios. ¿Cómo murió mi pobre esposa?" Relata Pancho: "Llegó a la casa de noche, sin aviso. En la oscuridad pensé que era un ladrón, y le pegué en la cabeza con un palo de golf que tenía usted en su despacho. El golpe le provocó la muerte a la señora". "¡Mi Nike de Tiger Woods! —tembló *mister* Doughmaker—. ¡Pancho! ¡Si le hiciste algo a ese bastón ahora sí te vas a ver en apuros!"

UN SUJETO LE contó a un compañero de oficina: "El otro día jugué al golf en la nieve". Le pregunta el otro: "¿Tuviste que pintar tus pelotitas?" "No —contesta el badulaque—. Nada más me puse ropa interior gruesa".

HOGANIO DEDICABA TODAS las mañanas de los sábados a jugar golf. Ordinariamente regresaba a su casa a las 2 de la tarde, pero en esa ocasión volvió a las 7. "¿Por qué llegas a esta hora?" —le reclamó, furiosa su mujer—. "No te ocultaré la verdad —respondió el tipo—. Ya venía yo de regreso cuando vi a una atractiva dama que estaba cambiando una llanta de su coche. Me detuve a ayudarla; ella me invitó a tomar una copa en su departamento, y terminamos en la cama. Te juro que no lo volveré a hacer". "¡Eres un mentiroso! —rebufa la señora—. ¡Has de haber jugado 36 hoyos!"

UNA SEÑORA FUE a jugar al golf. Jamás lo había hecho, de modo que se puso a tirarle golpes a la pelotita sin ton ni son. Diez o más veces dio en el aire; otras tantas o más maltrató el *green*, hasta que por puro azar le acertó a la pelota. Salió ésta a gran velocidad y fue a golpear a un pobre tipo que andaba jugando más allá. La señora oyó el alarido de dolor y fue corriendo hacia la víctima. El hombre estaba doblado sobre sí mismo, y tenía las manos en la entrepierna. "Perdone, señor —le dice muy apenada la señora—. ¿Le duele mucho?" El otro no podía ni hablar. "A ver, permítame" —pide la mujer—. Le apartó las manos y empezó a sobarle 'ahí' al tiempo que decía lo que dicen las mamás cuando sus niños se golpean: 'Sana, sana, colita, de rana". Le da una sobadita, y otra, y otra. El señor nada más giraba los ojos y se revolvía. Termina finalmente el masaje con un largo suspiro del señor, y le pregunta la mujer: "¿Ya se siente mejor?" "Sí —responde el tipo—. Pero todavía me duele el dedo".

Sexo

PROCEDO A RELATAR lo que le sucedió al Poqui Tapolla. La madre Naturaleza se mostró avara y cicatera con él, y le puso una escasa dotación en la región de la entrepierna. Estaba el Poqui haciendo el amor con su mujer cuando de pronto sonó el timbre de la puerta. Se asomó la señora por la ventana a ver quién era, y le dijo, asombrada, a su marido: "¡No me vas a creer quiénes están ahí! ¡Los Reyes Magos!" Oyó ella que su esposo le decía: "Pasa a Melchor" y respondió: "¿Por qué nada más a Melchor? Haré pasar también al negro Baltasar, que de seguro estará mejor equipado que tú para el trance en que ahora nos hallamos; y a Gaspar lo pasaré también, pues siempre he tenido la fantasía erótica de hacerlo con varios hombres a la vez". Al oír aquella franca declaración de su consorte el Poqui Tapolla prorrumpió en injurias y denuestos: "¡Mujer infame! ¡Desfachatada pecatriz! ¡Vulpeja inverecunda! ¡Bribona! ¡Meretriz! ¡No te dije: 'Pasa a Melchor'! ¡Te dije: 'Pásame el *short*', para ir a abrir la puerta!"

CUANDO LLEGÓ A los 40 años aquel hombre experimentó un fenómeno inquietante: la parte correspondiente a la entrepierna le creció hasta tocar el suelo. Acompañado por su esposa el alarmado sujeto fue a ver a un médico. Dijo el facultativo: "Esto se puede arreglar con una operación quirúrgica". Preguntó la señora: "Y ¿cuánto tiempo va a usar muletas mi marido?" "¿Muletas? —se desconcertó el doctor—. ¿Por qué muletas?" Responde la señora: "La operación es para alargarle las piernas, ¿no?"

SE IBA A casar el hijo de Isaac, y su papá le puso tienda propia. Un día antes del desposorio, el viejo instruyó a su retoño. "Con este dedo, el índice —le dijo—, señalará usted las órdenes que dé. En este otro, el anular, deberá llevar un anillo de valor, para que todos vean que no es usted un pobretón". En voz más baja añadió el comerciante al tiempo que le mostraba al joven el dedo cordial, o de en medio. "Y este otro dedo, hijo mío, es el dedo del placer". El muchacho se acercó para mejor oír las palabras de su genitor. Preguntó lleno de interés: "¿Por qué el dedo del placer, padre?" Respondió el vejancón: "Porque con él se marca el dinero que entra en la caja registradora".

PIRULINA, MUCHACHA LEVE de envases —por no decir ligera de cascos—, le confesó al padre Arsilio que su novio había llegado con ella más allá de lo que permiten la decencia, el decoro, la honestidad, la modestia, el pudor, el recato y la virtud, dicho sea por orden alfabético. "¡Pero, hija! —se desesperó el buen sacerdote—. ¿No te había dicho yo que tu cuerpo es el templo del Espíritu Santo?" "Sí, padre —admitió Pirulina, pesarosa—. ¡Pero él entró por la sacristía!"

SUSIFLOR LE PREGUNTÓ a un sujeto: "¿Eres metrosexual?" "No —respondió él, apenado—. Me faltan unos 10 centímetros".

EL PULPO Y su novia fueron al cine. En la cómplice oscuridad de la sala se oyó un reclamo de ella: "¡Octopio! ¡No me agarres ahí!" "Pero, mi vida —se justifica el pulpo—. ¿Por qué crees que se llaman 'tentáculos'?"

IBA UN MUCHACHO en el atestado autobús, y quedó repegado a una guapa chica. "¡Oiga! —le exigió ella— ¡Retírese de mí inmediatamente! ¡No sea usted grosero!" "Perdone, señorita —responde el joven, apenado—. Es que hoy me pagaron mi sueldo, y me lo dieron en efectivo. Lo que sintió usted no es otra cosa que el rollo de billetes". Pasó un rato. Otra vez se vuelve la chica hacia el muchacho y le pregunta con enojo: "¿Acaso va a decirme que en las últimas tres esquinas ha tenido aumentos de sueldo?"

EGLOGIA, MUCHACHA CAMPESINA, le contó a su madre lo que le había sucedido con Bucolio, fornido zagalón. "Me lo hallé en la nopalera, *'amá*, y que se suelta abrazándome y besándome. *'Ora*, tú —pensé yo—, ¿será mi santo, o qué?' Luego, *'amá*, que empieza a quitarme la ropa. Y yo pensé: *'Ora*, tú, ¿tendré calor, o qué?' Después, que me acuesta en el suelo, *'amá*. Y yo pensé: *'Ora*, tú, ¿estaré cansada, o qué?' Y luego, que se me trepa encima, *'amá*, y que empieza *pa'* dentro y *pa' juera, pa'* dentro y *pa'* juera. Y yo pensé: *'Ora*, tú, ¿estaré tapada o qué?'"

EL HOMBRE JOVEN le mandó un mensaje a la consejera sentimental del diario comarcano: "Trabajo en un aserradero en la montaña. Con frecuencia me acometen intensos ímpetus eróticos, sobre todo por la noche, y no hay una mujer en 50 kilómetros a la redonda. ¿Qué debo hacer? 'Desesperado'". Le respondió la consejera: "Querido Desesperado: en tu mano está la solución".

Históricos

CRISTÓBAL COLÓN, MARINO genovés, le envió una carta a la reina Isabel. En ella le informó: "Hubo un motín a bordo, y me vi obligado a colgar a mi piloto Juan de la Cosa". En tono de reprensión le contestó la soberana: "Castigo extremo. Debisteis haberlo colgado del cuello".

ESTÁN SALIENDO A luz datos inéditos sobre la guerra fría en los años cincuenta entre los Estados Unidos y la URSS. Según datos obtenidos en archivos hasta ahora secretos, parte de la estrategia de los soviéticos para asustar a los norteamericanos fue enviar un barco ruso cargado con cajas de condones a que naufragara cerca de la costa de Estados Unidos. Los condones medían 50 centímetros de largo y llevaban esta inscripción: "Tamaño mediano".

ERIC EL ROJO dice a sus feroces vikingos: "Ahora sí, muchachos: a matar hombres y a violar mujeres. Y nadie se equivoque, por favor, que luego la famita la cargamos todos".

Juegos y apuestas

UN GRAN VICIO tenía este señor, llamado Karret A. Deséisez: el dominó. Tal juego era su pasión. Cuando ante sí tenía las negras y blancas fichas de todo se olvidaba; quedábase abstraído en las inextricables combinaciones de los números y ya no tenía otro propósito en la vida más que vencer a sus rivales, ganar, ganar, ganar. De turbio en turbio se pasaba los días jugando al dominó; de claro en claro la vigilia de las noches. Sufría por eso graves males: su esposa le reclamaba con áspera acrimonia su afición. Por ella, le decía, se olvidaba de la familia, y las cosas de su trabajo andaban siempre desordenadas, sin concierto. Pues bien: sucedió un día que al salir de la oficina, cuando se dirigía a su automóvil, una atractiva morena se cruzó en el camino de Karret. ¿Qué humano camino, yo pregunto, está al amparo de esos cruces? Clavó la sibilina mirada esa mujer en el señor Deséisez y lo dejó rendido, preso en la red de su sinuosa voluntad. Como hechizado fue tras ella; con temblores de miedo y ansia erótica se atrevió a hablarle con palabras tímidas. ¡Oh, ventura! Ella no rechazó sus solicitaciones, antes bien respondió a ellas con una sonrisa que encendió más el deseo de Karret. ¡Ah! ¡Cuántas veces una mirada es un abismo! ¡Ah! ¡Cuántas veces una sonrisa es nuestra perdición! Haré corta la historia ("Demasiado tarde", refunfuña un lector). La hermosa mujer invitó a Karret a su departamento. Ahí bebieron unas copas; hablaron de cosas que convocaban a la intimidad; en la tibia penumbra de la sala bailaron al compás de piezas musicales llenas de lánguida sensualidad ("¡Caón! —prorrumpe el mismo lector hecho una furia—. ¿No dijiste que ibas a hacer corta la historia?") y al final sucedió lo que tenía que suceder: ebrios de pasión se entregaron los dos a los febricitantes arrebatos del sensorial deseo. Hasta las horas de la madrugada terminó aquella erótica alianza ocasional. Agotado del cuerpo y del espíritu se dispuso Deséisez a retornar a su casa. En el camino fue asaltado por los remordimientos. ¿Cómo era posible, se dijo consternado, que hubiera transgredido los deberes morales, las normas jurídicas y las reglas del buen trato social faltando de ese modo a la fe que en el ara juró a la compañera de su vida? No había duda: era un réprobo, un infame que no merecía ni siquiera respirar el aire común a los mortales. Hecho una ruina moral llegó a su domicilio. Su esposa lo aguardaba hecha un basilisco. "¿Dónde estabas? —le preguntó furiosa—. ¿Por qué llegas a esta hora?" "Esposa mía —le contestó Karret bajando la frente, avergonzado—. No puedo mentirte. Soy el peor de los hombres, el más ruin. Déjame confesarte mi pecado. Al salir del trabajo una atractiva morena se cruzó en mi camino. Como hechizado fui tras ella. Me invitó a su departamento, tomamos unas copas, bailamos con languidez sensual y luego hicimos el amor hasta cansarnos. Perdona, te lo ruego, mi extravío". "¡Mientes! —bufó en paroxismo de cólera la esposa—. ¡Has de haber estado con tus amigotes jugando al dominó!"

Ladrones

EL ASALTANTE CONTABA su última hazaña a un compañero. "Le salí a mi víctima en un callejón y le dije: "¡Piernas arriba!" "Será 'manos arriba'" —lo corrige el otro—. "No —aclara el asaltante—. 'Manos arriba' es cuando son hombres".

HAMPONIO, TORVO CRIMINAL, se arrepintió de sus maldades en la cárcel. Llorando fue a la capilla de la prisión, se postró de rodillas ante el altar y elevó la mirada al cielo con unción. "¡Señor! —clamó con deprecante acento—. ¡Hazme muy bueno!" El milagro se hizo. En ese mismo instante el torvo criminal empezó a sentir que las pompas se le redondeaban.

Loquitos

AQUEL LOCO SE creía Napoleón. Llegó al manicomio otro orate que también se creía Bonaparte. El director los puso juntos en la misma celda. Al cabo de una semana les pregunta: "¿Cuál de los dos es Napoleón?" "Él —responde uno de los loquitos señalando a su compañero—. Ahora yo soy Josefina".

VA UN SEÑOR al manicomio. "Perdone usted —interroga al guardia—. ¿Se les escapó ayer alguno de los locos?" "No —responde el custodio—. ¿Por qué hace esa pregunta?" Contesta el señor: "Mi mujer se fugó con un sujeto, y todavía no puedo entender eso, a menos de que el tipo haya estado loco".

EL NUEVO DIRECTOR del manicomio recibía el saludo de los loquitos. "Soy Napoleón" —le dice uno—. Acude otro: "Soy Napoleón". Un tercero se acerca: "Soy Napoleón". Y llega uno más y se presenta igual: "Soy Napoleón". "¡Oigan! —les dice muy divertido el director—. Solamente uno de ustedes puede ser Napoleón. ¡No es posible que haya aquí cuatro Napoleones!" "Disculpe, doctor —interviene una dama ahí presente—. Creo que debe usted respetar la personalidad de los internos. Si estos cuatro hombres quieren ser Napoleón no se les ha de impedir que lo sean. Es muy importante aceptar la forma en que cada uno de ellos se percibe, aunque haya en la institución cuatro Napoleones". "Perdóneme, señora —se disculpa muy apenado el director—. Reconozco mi ligereza poco profesional. ¿Quién es usted?" Responde la mujer: "¡Soy Josefina!"

UN LOCO SE escapó del manicomio. El director puso a toda la policía a buscarlo. Sonó de pronto el teléfono de la oficina: era la esposa del director. "Viejo —le dice en voz muy baja como para que no la oyera alguien que andaba por ahí cerca—. Creo que el loco que andas buscando se encuentra aquí en la casa". "¿Cómo dices?" —se asombra el tipo—. "Sí —confirma la mujer—. Se metió un hombre, me trajo a la recámara, y vieras que hace el amor como loco".

LAS DAMAS VOLUNTARIAS fueron a visitar el manicomio. Entre ellas iba Himenia, madura señorita soltera. Les dice el director: "Quiero que conozcan a una de nuestras internas. Sufre una forma de locura muy interesante". Las lleva a la celda de una mujer que cuando ve a los visitantes empieza a gritar: "¡Quiero un hombre, quiero un hombre! ¡Tráiganme uno joven, guapo y fuerte! ¡Deseo que me tome en sus brazos, que me bese apasionadamente, que me haga el amor de día y de noche!" "Interesante, ¿verdad?" —dice el director—. "Sí —responde Himenia—. Pero, ¿por qué consideran que está loca?"

VISITÓ UN PUEBLO pequeño el jefe del partido y salió con el alcalde a pasear por la calle principal. Le llamó la atención verla llena de gente sentada en el suelo, a media calle, y haciendo con los brazos como que remaba. "Son loquitos —explica el alcalde al visitante—. Creen que van en lanchas por un canal". "Dígales que se quiten de ahí —le pide el otro—. Los puede atropellar un coche". El alcalde se dirige a los orates y les ordena que se muevan. Ninguno le hace caso. "¡Estos locos! —se enoja el hombre—. ¡Tendré que ir a sacarlos!" Y así diciendo se quita los zapatos y los calcetines y se remanga las perneras de los pantalones.

Maestros

CON MUCHA PENA le dice la joven alumna al anciano profesor: "Perdone, maestro: trae usted todo mojado el pantalón por la parte de adelante". El viejito se mira la entrepierna y exclama luego desolado: "¡Caramba! ¡Otra vez me desabroché el chaleco y me saqué la corbata!"

EL PROFESOR DE Anatomía se dirige a la joven y linda estudiante. "Dígame usted, señorita Rosilí —le pregunta—: ¿cuál es la parte del cuerpo del varón que tiene la dureza del acero?" La chica se azara, y le contesta: "Me niego a responder su pregunta, doctor. Tiene doble intención". "Señorita Rosilí —replica el médico—. La parte del cuerpo del varón que tiene la dureza del acero es el tejido de las uñas. Es usted muy malpensada. Y, me temo, demasiado optimista".

EL PROFESOR ALECCIONABA a sus alumnos sobre el riesgo de cometer algún delito derivado de la relación sexual. Les decía sucintamente: "Si la mujer es mayor de edad, y no quiere, es violación. Si la mujer es menor de edad y quiere, entonces es estupro". "Perdone, maestro —pregunta un estudiante—, ¿y si la mujer es mayor de edad y quiere?" "Eso, joven amigo —contesta el profesor—, es buena suerte".

LA DIRECTORA DEL colegio de señoritas llamó a la prefecta de disciplina y le dijo con preocupación: "Maestra Perséfona: en este mes siete de nuestras alumnas han salido embarazadas. Algo está en el aire. ¿Qué cree usted que sea?" "No sé, directora —responde la prefecta—. Lo que está en el aire han de ser las piernas de las muchachas".

LA MAESTRA DE educación sexual les dice a sus alumnas: "Pongan atención a mis clases, muchachas. Las que pongan atención saldrán aprobadas, las que no, saldrán embarazadas.

EL NUEVO PROFESOR le dice a Pepito: "Me cuentan que eres muy listo. Vamos a ver si es cierto. Dime: ¿Cómo se pueden tapar dos agujeros con un agujero?" Ante la expectación del grupo Pepito piensa largo rato y luego confiesa: "No sé". Le dice el maestro con tono de vencedor: "¿Ya ves? No eres tan listo como crees. Mira cómo se pueden tapar dos agujeros con un agujero". Así diciendo hace un círculo con los dedos índice y pulgar de su mano derecha, y con él se cubre las fosas de la nariz. "¿Lo ves? —dice a Pepito—. Así se tapan dos agujeros con un agujero". Al día siguiente Pepito le dice al profesor: "Ahora usted adivíneme esta adivinanza. ¿Cómo se pueden tapar 12 agujeros con un agujero?" El maestro, confuso y amoscado, se esfuerza en hallar la respuesta, pero al fin se da por vencido. "No sé —dice a Pepito—. ¿Cómo puedo tapar 12 agujeros con un agujero?" Le contesta Pepito: "Cómprese una flauta y póngasela ya sabe dónde".

LOS ALUMNOS LE preguntaron a su profesor cuál era el momento que más disfrutaba en su vida. "El momento que más disfruto —respondió el mentor— es el de la intimidad con mi esposa". De regreso a su casa pensó que quizás a su señora le molestaría que él hubiese contestado eso, de modo que le dijo: "Mis alumnos me preguntaron cuál es el momento que disfruto más. Les dije que es cuando voy a misa contigo". Días después la señora les dice a los alumnos: "Muchachos, mi marido les echó mentiras. Miren ustedes: la primera vez que hicimos eso casi tuve que obligarlo. La segunda fue el día de nuestra boda, y lo hizo porque no podía dejar de hacerlo. Y la tercera vez fue hace tanto tiempo que ya no me acuerdo cuándo, y además se quedó dormido a la mitad".

Marinos

EL VELERO HMS Bounty llegó a una isla de los Mares del Sur. Desembarcó únicamente el capitán, *mister* Bligh, y después de asegurarse la buena voluntad del jefe de los isleños se consiguió una bella nativa llamada Leilani, y la llevó a una playa soledosa. La muchacha, núbil e inocente, se sorprendió al advertir que el capitán tenía una cosa que ella no tenía. Le preguntó en qué consistía esa notable diferencia, y Bligh, divertido, le respondió que entre todos los hombres sólo él tenía aquello. Mas sucedió que al día siguiente bajaron todos los marinos, y uno de ellos, Fletcher Christian, fue de paseo con Leilani. A su regreso ella le dijo a *mister* Bligh que la había engañado: también Fletcher tenía aquella diferencia que él le había asegurado poseer en exclusiva. "Bueno —sonrió Bligh—. Es que yo tenía dos, y una se la regalé a él". "Pues es usted muy bondadoso, capitán —le dice la muchacha—. Le regaló a Fletcher la más grande, y dejó la más pequeñina para usted".

DESPUÉS DE TRES años de ausencia en altamar el joven marinero recibió noticias de que su barco regresaría a puerto. De inmediato puso un cablegrama a su novia: "Tan pronto regrese nos casaremos, Susiflor. Vacúnate contra el tétanos, porque voy algo oxidado".

EL JOVEN OFICIAL de la marina americana le envió un *e-mail* a su papá: "No puedo decirte dónde está mi barco, pero ayer maté un oso polar". Un mes después le puso otro correo: "No puedo decirte dónde está mi barco, pero anoche hice el amor con una linda muchacha polinesia". Transcurren unas semanas, y el señor recibe un tercer mensaje de su hijo: "No puedo decirte dónde estoy, pero el médico del hospital dice que mejor debí haber matado a la linda muchacha polinesia, y hacer el amor con el oso polar".

LA SEÑORITA SOLTERA llega llorando con el segundo oficial del barco que hacía el crucero por el Caribe y le dice gemebunda: "¡Un marinero me violó, señor!" "¿En qué cubierta viaja usted, señorita?" —pregunta el oficial—. "En la B" —replica ella—. "Ah, vaya —le dice entonces el oficial—. Si quiere que la viole el capitán tendrá que pagar boleto de primera y pasar a la cubierta A".

EL CHINITO ERA cocinero de un barco. Todos los marineros lo maltrataban mucho, lo hacían objeto de burlas y de insultos. Un día los propios marineros sintieron que ya habían ido demasiado lejos en sus maltratos al chinito y le dijeron: "Durante los últimos seis meses no hemos hecho otra cosa que pegarte, ofenderte y burlarnos de ti. Queremos prometerte que a partir de ahora ya no haremos eso". "Muy bien —dice el chinito con una gran sonrisa—. Y yo les plometo que ya no me halé en la sopa que les doy".

Contenido